BOOKS on DEMAND

„Politische und bürgerliche Freiheit bleibt immer und ewig das heiligste aller Güter, das würdigste Ziel aller Anstrengungen und das große Zentrum aller Kultur."

Friedrich Schiller an Prinz von Augustenburg

„Liebe ist niemals Zwang. Sie bedeutet Glück, Freiheit, Stärke. Und es ist die Liebe, die die Angst tötet. ... Liebe ist Begeisterung und Risiko."

Urheber mir unbekannt

Michael von Prollius

Freiheitsliebe

Ein Querdenker-ABC

Bibliografische Information der Deutschen Nationalbibliothek:

Die Deutsche Nationalbibliothek verzeichnet diese Publikation in der Deutschen Nationalbibliografie; detaillierte bibliografische Daten sind im Internet über http://dnb.dnb.de abrufbar.

© 2017 Michael von Prollius
Im Schloßgarten 1a, 37699 Fürstenberg
Umschlaggestaltung: Björn von Prollius
Lektorat und Layout: Susanne Junge
Herstellung und Verlag: BoD – Books on Demand, Norderstedt

ISBN: 9783746015132

Inhalt

Vorbemerkung

Ich liebe meine Freiheit. Freiheit bedeutet für mich Selbstbestimmung. Freiheit ist für mich zugleich Selbstverpflichtung; das bedeutet, etwas, vielleicht das Beste, aus meinen Fähigkeiten zu machen.

Mir ist das Humboldt-Zitat auf meiner Homepage tatsächlich ein inneres Anliegen:

> *„Der wahre Zweck des Menschen, nicht der, welchen die wechselnde Neigung, sondern welche die ewig unveränderliche Vernunft ihm vorschreibt, ist die höchste und proportionierlichste Bildung seiner Kräfte zu einem Ganzen. Zu dieser Bildung ist Freiheit die erste und unerläßliche Bedingung."*

Ich bin überzeugt, dass die proportionierlichste Bildung der Kräfte für jedermann möglich ist. Das Ausmaß, die Art und Weise, der Weg, all das sind durchweg individuelle Herausforderungen oder Selbstbestimmungen. Nicht jeder wird ein Superstar, und doch sind es viele Menschen für diejenigen, die sie lieben. Ohnehin muss man kein Star oder Held sein, um etwas Eigenes, Bedeutendes zu leisten. Denn optimale Erfahrungen entstehen stets auf individuelle Weise. Wir erfahren Freude dadurch, dass wir Dinge erobern, die in uns selbst liegen. Übersetzt in unsere Zeit würde Humboldts Vision in reduzierter Form lauten: Jeder Mensch verfügt über Entwicklungschancen gemäß seinen Anlagen und Fähigkeiten.

Zugleich ist Freiheit keinem Zweck unterworfen, auch nicht einer allumfassenden Optimierungslogik. Freiheit ist vielmehr Selbstzweck, die Ordnung der Freiheit eine Vielzweckordnung. Freiheit bietet uns eine Fülle von Gelegenheiten, von denen wir vielfach nicht ahnen, dass es sie gibt. Auch deshalb macht Freiheit das Leben bunt und lebenswert.

Meine Freiheitsliebe schließt die Freiheit anderer Menschen ein. Das Engagement für eine höhere Sache liegt in uns und macht es möglich, über uns hinauszuwachsen. Meine Freiheitsliebe gilt nicht nur für meine Familie, sondern prinzipiell für alle Menschen. Auf Freiheitsverstöße reagiere ich geradezu allergisch. Die Kombination aus Freiheitsliebe und tiefer Abneigung gegen jede Form der Gängelung ist eine wichtige Kraft, die mein Engagement für die Freiheit speist. Zumeist ist das publizistisch der Fall. Vielleicht gibt es so etwas wie ein Freiheitsgen. Zumindest weisen mir Gefühl und Verstand den Weg zur Freiheit. Eng verbunden ist damit die Suche nach Bereicherung.

Zuweilen bekümmert mich die Lage der Freiheit. Dann erlangt das zweite Zitat auf meiner Homepage Bedeutung. Es stammt von Lord Acton:

> *„Niemals war der Welt eine bessere Gelegenheit geboten, aber sie warf sie von sich, weil das leidenschaftliche Verlangen nach Gleichheit die Hoffnung auf Freiheit zunichte machte.“*

Gleichheit ist der Freiheit Tod, zumindest wenn darunter Gleichmacherei verstanden und diese auch noch betrieben wird. Ungleichheit ist schön, interessant und vermittelt Anreize, etwas zu tun und anderes zu lassen. Ungleichheit und Individualität sind zwei Seiten derselben Medaille. Ohne sie gäbe es keine Kunst. Gleichheit hat dennoch eine Berechtigung – als gleicher Maßstab und als gleiches Recht.

Ich mag Sport. Die Römer hatten Recht: Nur in einem gesunden Körper wohnt ein gesunder Geist. Sport bietet viele Anregungen. Lebensperspektiven gehören dazu. Von der Führungsphilosophie der New England Patriots unter Eigentümer Robert Kraft, Coach Bill Belichick und Kapitän Tom Brady lässt sich manches für den Lebensalltag und das Eintreten für die Freiheit gewinnen: Sich nicht von der Mehrheitsmeinung vom Kurs abbringen lassen, aber auch Ruhe, Mut, Gelassenheit gehören dazu, gerade wenn die Dinge nicht gut stehen. „Take it to another level!" ist das Ziel. Nicht immer gelingt das. Eine Aufgabe der Freiheitsfreunde ist es, ihre frohe Botschaft auf ein höheres Niveau zu bringen. Das erfordert neue Wege, mehr Professionalität und Durchhaltevermögen. Leichter gesagt als getan!

Der Anspruch für dieses kleine Büchlein ist weitaus bescheidener. Einen neuen Weg beschreiten möchte ich dennoch. Deshalb habe ich nicht wie sonst üblich längere Texte geschrieben, sondern kurze ausgewählt. Getragen von der Freiheitsliebe ist ein Querdenker-ABC entstanden.

Am Anfang stehen Aphorismen. Die notierten Gedanken, Urteile und Lebensweisheiten stammen entweder aus den letzten Jahren, in denen ich mich intensiv mit einer freien Gesellschaft beschäftigt habe, oder aus meiner Jugend, wie mir beim Stöbern in einer alten Kladde aufgefallen ist. Es handelt sich um Anstöße zum Querdenken. Vielleicht ist auch der eine oder andere Freiheitsfunke dabei.

Es folgen Blogbeiträge. Die sind durchweg relativ neu. Auf meiner Plattform „Forum Freie Gesellschaft" habe ich zunächst mit längeren Papieren begonnen. Ob die Bereitschaft der Leser dafür vorhanden ist? Grundsätzliche, komplexe Sachverhalte und tiefer reichende Gedanken verdienen einen ausführlicheren Text. Für einen Tagesgedanken reicht weniger als eine DIN A 4 Seite. Im Alltag haben Menschen dafür noch Zeit und Konzentrationsvermögen. Da ich vieles aus einer anderen Perspektive betrachte als das in der öffentlichen Meinung der herkömmlichen Medien der Fall ist, freue ich mich, dass ich zu einer alternativen Öffentlichkeit beitragen kann.

Der Nachttisch- oder Nachtisch-Band, den Sie in Händen halten, schließt mit Charakteren. Zusammengestellt habe ich Skizzen von Personen, die ich charismatisch finde. Durchweg kann ich ihnen etwas für die Freiheit abgewinnen. Mir ist nicht wichtig, ob es sich um liberale Säulenheilige oder konsequente Liberale handelt. Vielmehr inspirieren mich die Menschen mit

Charakter durch ihre proportionierlichste Bildung ihrer Kräfte. Die nachfolgende persönliche Zusammenstellung birgt ein Risiko. Wofür ich mich begeistere, ist für andere vielleicht uninteressant oder gar kitschig. Das ist immer ein Balanceakt, und es ist eine Frage des individuellen Geschmacks.

Da ich unpolitischem Mainstream viel abgewinnen kann, können bei mir Friedrich August von Hayek und Don Johnson in einem Atemzug vorkommen. Von letzterem stammt der Spruch:

„I'd like to think I haven't done my best yet."

Nun, der Unterschied zwischen Kunst und Unterhaltung ist gleichermaßen absurd wie möglicherweise deutsch. Ich hoffe, Sie finden auf den nächsten Seiten geistreiche Unterhaltung – verbunden durch meine Freiheitsliebe.

Fürstenberg, Oktober 2017

Michael von Prollius

Aphorismen

Adel

Die Bevölkerung kann nicht dadurch geadelt werden, dass man den Adligen den Adel nimmt und einen großen Teil des in der Bevölkerung liegenden Adels zerstört. Richtiger Adel liegt bekanntlich im Gemüt und nicht im Geblüt.

♥

Arbeit

Nicht was ich mit meiner Arbeit verdiene, ist mein eigentlicher Lohn, sondern was ich durch sie werde.

inspiriert durch John Ruskin

♥

Armut

Die soziale Frage lässt sich nur mit Wettbewerb beantworten, dem genialsten Entmachtungsinstrument, das zugleich für einzigartigen Wohlstand sorgt und die Menschen massenhaft auf ein neues Niveau hebt.

♥

Am Anfang der Querdenker-Aphorismen stehen drei A.

Adel steht für die proportionierlichste Bildung der Kräfte und zugleich für eine persönliche Haltung. Beide lassen sich nicht durch ein destruktives Vorgehen erringen – wie etwa die leider allzu verbreitete Haltung des Neides.

Arbeit adelt. Auf jeden Fall prägt sie uns, unser Denken und Handeln. Deshalb ist die Wahl der Arbeit wichtig und ihr Inhalt. Das gilt umso mehr, als wir vielfach Zielen unterworfen werden, die uns fremd sind, die wir kaum hinterfragen und die lediglich ein Ersatz für uns tatsächlich am Herzen liegende Ziele sind.

Armut beseitigt man nicht mit Fischen, allenfalls mit Angeln, am besten aber durch das Entdeckungs- und Entmachtungsverfahren: die Marktwirtschaft. Hunderte Millionen Menschen sind in den letzten Jahren weltweit so der Armut entkommen. In der Geschichte der Menschheit sind es Milliarden.

♥

Behinderung

Sobald die Systeme der Behinderung von Freiheit aufgehoben werden, darunter Privilegierung, Subventionierung und Interventionismus, fallen die schwerwiegendsten Störungen weg, und die Ordnung der Freiheit stellt sich von selbst ein.

inspiriert durch Adam Smith

♥

Bildung

Bildung entsteht nicht durch Lesen, sondern vom Nachdenken über das Gelesene. Und es kann besser sein, eine Stunde selbst zu denken als zwei zu lesen.

inspiriert durch Carl Hilty und Henry Hazlitt

♥

Bücher

Bücher sind dicke Briefe an Freunde – Vorträge sind Reden für eine nahestehende Person.

inspiriert durch Jean Paul

♥

Bessere Lebensbedingungen entstehen nicht durch das aktivistische, inszenierte, besserwisserische Tätigwerden von Sozialingenieuren, Gesellschaftsklempnern und sogenannten Experten. Leider blicken wir allzu oft auf ihre Absichten und Versprechen. Tatsächlich helfen sich die Menschen am besten selbst, es bedarf nur einer Herrschaft des Rechts. Selbsthilfe ist die beste Hilfe.

Bildung ist ein vielschichtiger Prozess. Selber denken, verknüpfen und einordnen, vor allem aber vielseitiges Interesse sind wichtige Bestandteile. In der Wissensgesellschaft wissen Menschen, wo etwas steht, oder können im Internet suchen. Als Wissende sind sie immerhin informiert, aber auch nicht mehr.

♥

Chancengerechtigkeit

Chance heißt Gelegenheit und Erfolgsaussicht. Gelegenheitsgerechtigkeit gibt es nicht. Nächstenliebe, Fürsorge, Hilfe, Fördern und Fordern, vor allem persönliche Anteilnahme und tatkräftige Hilfe sind geeignet, um das Los derer zu bessern, denen es zeitweise oder dauerhaft schlecht geht. Diesen Traum gilt es, mit Leben zu füllen, nicht aber die Fiktion, dass andere zwangsweise auf Kosten anderer besser gestellt werden und Bürokraten das optimal gewährleisten mögen.

♥

Charakter

Verstand ist ein zweischneidiges Schwert aus hartem Stahl und blankem Schliff. Charakter ist daran der Griff, und ohne Griff ist's ohne Wert.

Friedrich Bodenstedt

♥

Mein Charakter wird durch die Herausforderungen geformt, denen ich nicht aus dem Weg gehen kann, aber auch durch die, denen ich aus dem Weg gegangen bin – die Reue darüber und den Ansporn dadurch.

inspiriert durch Arthur Miller

♥

In der Krise beweist sich der Charakter: Der Unterschied zwischen guten Spielern und Champions ist erfolgreich Handeln unter Druck.

inspiriert durch Helmut Schmidt und Tom Brady

Chancen, um unser Leben zu verbessern, suchen wir alle. Manchem fallen die Gelegenheiten in den Schoss. Als Joss oder Fortune wird ein glückliches Gelingen zuweilen bezeichnet. Letzteres wird häufig den Tüchtigen zugesprochen. Vieles dürfte indes auf Zufall beruhen und auf Entscheidungen, die unbeabsichtigte und unübersehbare Folgen haben. Gleiche Chancen gibt es so wenig wie gleiche Charaktere. Wer durch Herausforderungen wächst, stärkt seinen Charakter und die Chance auf Glück.

♥

Denken

Denken ist ein Laster, das man schwerlich mit administrativen Mitteln heilen kann.

Wieslaw Brudzinski

♥

Wenn alle dafür sind, bin ich auch dagegen.

Wahlspruch eines Bekannten

♥

Demokratie

Demokratie setzt einen freiheitlichen Rechtsstaat voraus. Die gängige Verherrlichung des Prinzips von Wahlen und Mehrheitsentscheidungen lässt das Prinzip zu einem Fetisch verkümmern. Die Geringschätzung für Losverfahren spricht Bände. Entmachtung, nicht Ermächtigung ist das Ziel.

♥

Drohnen

*Politische Drohnen rauben produktive Menschen systematisch
aus und werfen Bienen mangelnde Fruchtbarkeit und Effizienz
vor. Die politischen Drohnen sind Feinde der Demokratie; sie
betreiben Stimmenkauf und „nudgen", paternalisieren,
verbieten und regulieren unser Leben so lange,
bis keine unabhängigen Menschen übrig sind.
Die Demokratie ist dann überflüssig.*

inspiriert durch Felix Somary

♥

Das heutige Problem der Demokratie ist ein altes. Demo-
kratie ist zum Stimmenkauf verkommen, zur Organisation
wechselnder Mehrheiten zum Zweck des Machterhalts. Das
Versprechen lautet: Andere bezahlen für Eure Wünsche. Die
Realität ist: Jeder hat seine Hand in der Tasche des anderen.
Das ist weder die Herrschaft des Volkes, noch lässt sich das
Problem durch eine direkte Bürgerherrschaft lösen.
Rechtsstaat, Beschränkung von Macht und eine Ent-
politisierung aller Lebensbereiche sind die Aufgaben unserer
Zeit.

♥

Elitär

*Es ist besser, ganz allein Recht zu haben, als gemeinsam falsch
zu liegen – wie alle anderen.*

♥

Erlebnis

Fingerabdrücke, die man auf den Seelen anderer Menschen hinterlässt, verblassen nicht.

aus: Remember me – lebe den Augenblick

♥

Erfolg

Erfolg ist das Ergebnis harter, beharrlicher Arbeit, aber auch von Beziehungen und Fortune. Erfolg hat nur, wer etwas tut, während er auf den Erfolg wartet.

inspiriert durch Thomas A. Edison

♥

*Die Konzentration auf die anstehende Aufgabe, positives Denken
bis hin zum Urvertrauen und beharrlich an einer konstruktiven Perspektive festhalten, um Herausforderungen zu meistern, sind Voraussetzungen für Erfolg.*

♥

Die Erfolgsaussichten steigen, wenn man gemeinsame Erfolge als gemeinsame Erfolge würdigt, auch für die kleinen, alltäglichen Dinge Unterstützung gewährt und Bestätigung erfährt.

inspiriert durch American Football und meine Frau

♥

17

Eigentlich ist es ganz einfach: Die Individualität ist ein Schlüssel für Lebensfreude. Ob ich meine eigene Meinung kundtue oder einen tiefen Eindruck bei der Begegnung mit einem anderen Menschen hinterlasse, liegt an mir. Ob ich mich anstrenge, denn nur ich selbst kann meine Erfolge erreichen, liegt an mir. Wenn ich regelmäßig andere Menschen brauche und sie mich brauchen, können wir gemeinsam in Freude verbunden sein. Individualität gedeiht in Freiheit.

Freiheit

Freiheit bedeutet, ich kann alles tun, was anderen nicht schadet. Freiheit herrscht, wenn mir andere Menschen keine Hindernisse in den Weg stellen.

inspiriert durch Matthias Claudius und Rolf W. Puster

♥

Freiheit ist nicht nur meine Freiheit und Deine Freiheit, sondern die Freiheit von jedermann. Freiheit kann nur geschützt und erhalten werden, wenn sie als individuelles und zugleich als gemeinsames Gut begriffen wird.

inspiriert durch Benjamin Constant

♥

Freiheit leben, das gleicht einer Gratwanderung: Freiheit ermöglicht, das Beste aus meinen Talenten zu machen, erfordert aber zugleich Selbstbeschränkung, um Triebe zu steuern und um die Kontrolle über sich zu behalten. Zuviel übermäßige Selbstkontrolle schränkt indes die Freiräume ein und führt zu einem ungelebten Leben.

inspiriert durch Mihaly Csikszentmihalyi

Freiheitsliebe

Man braucht den erdverbunden gesunden Menschenverstand eines Hobbit und die altgeprüften Lehren eines weisen Magiers. Man braucht die Zähigkeit eines kampferprobten Zwerges, die Geschicklichkeit und Weitsicht eines Elben sowie die Statur und Eleganz eines Königs. Man braucht keine Mehrheit, sondern echte Gefährten, die gemeinsam diese Eigenschaften aufweisen, eine zornige, unermüdliche Minderheit, die eifrig daran arbeitet, in den Köpfen der Menschen Buschfeuer der Freiheit zu entfachen.

J.R.R. Tolkin

♥

Paradoxerweise lernen wir nur, mehr wir selbst zu werden, wenn wir frei und um der Sache selbst willen handeln und nicht aus niedrigen Beweggründen. Wenn wir ein Ziel wählen und uns bis an die Grenzen unserer Konzentration in dieses Ziel hineinversetzen, wird alles, was wir tun, erfreulich.

Mihaly Csikszentmihalyi

♥

Freiheitsliebe und Coolness bilden ein Paar: prinzipientreu in die Welt blicken, sich nicht beirren lassen, locker bleiben – im Wissen um den Wert der besseren Ideen

♥

Freiheitskampf

Sei die Flamme, nicht die Motte!

inspiriert durch den Film Casanova

Kämpfen und Hoffen.

Motto von Udo Kumpe, baKum Institut für Selbstverteidigung

♥

Der Kampf für die Freiheit gegen Gleichheitsfanatiker,
Etatisten und Sozialingenieure gleicht dem Löschen eines
Feuers mit der Feuchtigkeit eines Kusses.

♥

Freude

Öffne Dein Herz für die Freude.

inspiriert durch den Rundbrief der 32. Infanteriedivision

♥

Das Kind lacht immer noch,
es kugelt sich vor Lachen,
Lebensfreude.

MvP-Kladdennotiz

♥

Ich liebe das Lachen.
Im Lachen ist so viel Ernst,
und Ernst ist oft so lächerlich.

Pfarrer von Dietze

♥

Führer

Vorbildliche Theoretiker und Praktiker setzen auf intrinsische Motivation, die sich im Wettbewerb entfaltet und davon profitiert, dass man sich mit guten Menschen umgibt.

inspiriert durch Reinhard K. Sprenger und Bill Belichick

♥

Freiheit – allein mit Aphorismen und Zitaten zur Freiheit, aber auch zum Eintreten für die Freiheit und mit ihrer Gefährdung ließe sich ein ganzer Band füllen. Welche Freude und Herausforderung mit Freiheit verbunden ist, das lässt sich hier nur andeuten. Und bei aller Vernetzung braucht es Führungspersönlichkeiten, um die Freiheitsbeschränkungen zu stoppen und zurückzudrängen. Freude ist dafür ein guter Gehilfe, sowohl für die Freiheitskämpfer als auch für die, die Freiheit und Selbstverantwortung erst noch schätzen lernen.

♥

Gerechtigkeit

Freiheit, gesichert durch die Gleichheit vor dem Gesetz, verankert in einer Verfassung, die Eingriffe in die Freiheit eines Menschen nicht zulässt, ist gleichbedeutend mit Gerechtigkeit.

Edmund Burke

♥

*Gerechtigkeit ist heute zur Decklüge für Ansprüche,
Forderungen und die Eroberung zwischenmenschlicher
Beziehung durch die Politik geworden. Nichts davon hat etwas
mit Recht zu tun. Dabei bedeutet Gerechtigkeit: im Einklang
mit dem Recht; und Gerechtigkeit herrscht, wenn der
Rechtszustand wieder hergestellt wurde.*

♥

*Wahr ist nur, daß eine soziale Marktwirtschaft keine
Marktwirtschaft, ein sozialer Rechtsstaat kein Rechtsstaat, ein
soziales Gewissen kein Gewissen, soziale Gerechtigkeit keine
Gerechtigkeit – und ich fürchte auch, soziale Demokratie keine
Demokratie ist.*

Friedrich August von Hayek

♥

Geschichte

*Wer die Vergangenheit nicht kennt, wird die Zukunft nicht in
den Griff bekommen, denn Vergangenheit ist Prolog.*

inspiriert durch Golo Mann und den Film JFK

♥

*Geschichte ist das Muster,
das man hinterher ins Chaos webt.*

inspiriert durch Carlo Levi

♥

Gewinn

Gewinne sind ein Informationsanzeiger, genau wie Verluste. Hohe Gewinne sind verdient, wenn oder weil sie Ausdruck der besten Bedürfnisbefriedigung sind, und das Synonym für eine gute Bedürfnisbefriedigung ist „sozial".

♥

Glaube

Nur wenn eine Prophezeiung geglaubt wird, das heißt, nur wenn sie als eine in der Zukunft bereits eingetretene Tatsache gesehen wird, kann sie konkret auf die Gegenwart einwirken und sich damit selbst erfüllen.

Paul Watzlawick

♥

Gleichheit

Neid, Eifersucht und Angst sind Triebkräfte der Gleichmacherei, geronnen in Ideologie und Vorteilsnahme.

inspiriert durch Erich Ritter v. Kuehnelt-Leddihn

♥

Alle Welt spricht über Gleichheit, fordert Gleichheit, indes gleicht kein Baum dem anderen, kein Meerschweinchen dem anderen, kein Mensch dem anderen, und wir erfreuen uns tagtäglich an der Vielfalt des Lebens.

Globalisierung

Die Globalisierung entspringt dem Streben der Menschen, ihre persönliche Lage zu verbessern.

inspiriert durch Vernon Smith

♥

Glück

Vor Glück könnte ich manchmal eine ganze Allee von Purzelbäumen schlagen.

inspiriert durch Heinz Erhardt

♥

Was uns Menschen richtig glücklich macht, ist, uns in unserem individuellen Leben wohl zu fühlen und diese Momente wahrzunehmen – innere Harmonie ist dafür die Voraussetzung schlechthin, und die beruht auf Freiheit und Unabhängigkeit.

inspiriert durch Mihaly Csikszentmihalyi

♥

Geschichtsvergessenheit ist ein Merkmal, das uns in einer schnelllebigen, effektheischenden Welt falsche Pfade einschlagen lässt – als Individuum und als Gesellschaft. Am schlimmsten wiegt der Verlust des Rechts, gegen das ständig durch den Staat verstoßen wird und das für bestimmte Zwecke instrumentalisiert wird. Damit einher geht die Pervertierung der Gerechtigkeit. Folglich gerät auch die Moral einer freien

Gesellschaft in den Strudel, und die offene Gesellschaft droht zu verelenden. Glücklich kann jeder dennoch sein, auch wenn die Bedingungen für politisch wache Menschen schwieriger werden. Freiheit und Glück liegen in uns.

♥

Handel

Der Handel glättet und besänftigt Aggression und Konfrontation, zugleich befördert er Wandel.

inspiriert durch Montesquieu

♥

Grenzen, die nicht von Gütern überschritten werden dürfen, ziehen Konflikte und Soldaten an.

inspiriert durch Frédéric Bastiat

♥

Handel findet nicht zwischen Nationen statt, sondern zwischen Menschen. Sie werden zuweilen durch politische Grenzen getrennt.
Die politische Störung des Handels bis zum Autarkiestreben beruht auf absurden Gedanken – Autarkie ist schädlich und letztlich unmöglich.

♥

Handelsbilanz

Zu den absurden Obsessionen gehört die Auffassung, ein Land könne nur auf Kosten eines anderen prosperieren, weshalb eine positive Handelsbilanz erforderlich sei, also die Exporte die Importe übersteigen müssen. Dieses Argument der Merkantilisten hat stets desaströse Folgen gehabt. Wohlstand beruht auf Arbeitsteilung und Tauschen. Es ist unmöglich und unangenehm, reich zu sein, wenn man von Armut umgeben ist.

Die Verfechter einer ausgeglichenen Handelsbilanz schwimmen im Fahrwasser der Merkantilisten.

♥

Heimat

Unsere Heimat ist die Erinnerung.

Fliegergeneral Harras in: „Des Teufels General" von Carl Zuckmayer

♥

Hilfe

*Wer Menschen froh machen will,
muß Freude in sich haben.*

*Wer Wärme in die Welt bringen will,
muß Feuer in sich tragen.*

*Wer Menschen helfen will,
muß von Liebe erfüllt sein,
muß Frieden im Herzen gefunden haben.*

Rundbrief 32. Infanterie Division

Helfen können sich Menschen zuallererst am besten selbst. Arbeitsteilung und der Austausch von Gütern sind in wirtschaftlicher Hinsicht die idealen Wege für ein besseres Leben. Die Politisierung der wirtschaftlichen Welt ist ein Grundübel, das wiederholt und permanent drastische Folgen hat. Würde Recht geachtet werden und herrschen, würden sich die Vertreter des politisierten Staats nicht permanent einmischen, dann wäre diese Welt noch weitaus besser, und massenhaft Probleme würden nicht existieren.

♥

Inhalt

Es gibt schweigsame Menschen,
die interessanter sind als die besten Redner.

Benjamin Disraeli

♥

Wer interessieren will, muss provozieren.

Salvador Dali

♥

Warum reden Sie soviel, wenn Sie nichts zu sagen haben?

Captain Horatio Hornblower

♥

Intellektuelle

Viele Intellektuelle sind Interessenvertreter geworden.
Intellektuelle spielen in Deutschland eine bemerkenswert
geringe Rolle. Schriftsteller haben sich beispielsweise aus den
öffentlichen Diskursen, so sie überhaupt stattfinden,
vollständig abgemeldet.
Deutsche Intellektuelle tun so als wären sie nicht betroffen.
Politiker sind weitgehend passiv und lassen sich treiben – von
identifizierten Meinungen. Journalisten betätigen sich als
Wertevernichter und Relativierer.
Intellektuelle müssten aber der Bohrkopf im Tunnel sein,
dort wo es schwierig ist.

Herman Kurzka

♥

Interessante Menschen sind unersetzbar, und sie sind selten. Kaum etwas bedarf so viel Freiheit und Freiraum wie ein interessanter Mensch. Eigensinn gedeiht als Verschiedenheit und ist Ausdruck der Ungleichheit. Aber wie sagte ein Studienfreund: Mitläufer sind wichtig. Sie stabilisieren das System.

♥

Küssen

Küssen ist die netteste Art, einem Mann den Mund zu stopfen.

Zeitschrift Max

♥

Küssen kann man schlecht alleine.

Max Raabe

28

Leben

Live your life,
Live your love,
don't lose yourself!

inspiriert durch ein Grafitti

♥

Das einzige Mittel, das Leben zu ertragen, ist,
es schön zu finden.

Rudolf Leonhard

♥

Lebensfreude

Ein Schlüssel zur Freude am Leben im Beruf wie im Privaten
ist, sich mit guten Menschen zu umgeben. Integrität,
Arbeitsethos und Klugheit spielen eine wichtige Rolle.

♥

Leistung

Leistung, insbesondere außergewöhnliche Leistung, beruht auf
Anstrengung, vielfach auf harter Arbeit. Beides beflügelt.

♥

Um über sich hinaus zu wachsen, um ein neues
Leistungsniveau zu erreichen, bedarf es mentaler Stärke.
Mentale Stärke beinhaltet Hartnäckigkeit,
Widerstandsfähigkeit, sich also nicht von Rückschlägen
unterkriegen zu lassen, und die Fähigkeit, in schwierigen
Situationen zurück zu kommen. Noch besser ist, wer es gerade
dann auf ein höheres Niveau schafft:
„Take it to another level!"

inspiriert durch Tom Brady

♥

Liebe

Ist das alles kitschig? Schon. Aber nicht nur Goethe hat sich
dafür die Finger wund geschrieben.

♥

Man kann im Leben alles machen. Die Hauptsache ist:
Du bist mit dem Herzen dabei

erinnert aus: Can't buy me love

♥

Alles, worauf die Liebe wartet, ist die Gelegenheit.

Miguel des Cervantes

♥

Liebe bedeutet, einen anderen Menschen so zu sehen,
wie Gott ihn gemeint haben könnte.

Dostojewski

Die Liebe ist wie das Fieber, sie entsteht und erlischt, ohne dass der Wille dazu den geringsten Anteil hat.

♥

Liberale

Die Weisheit der Liberalen besteht in der Erkenntnis und Akzeptanz, dass viele Dinge einer Logik folgen, die wir nicht (vollständig) verstehen und die (viel) besser funktioniert als eine geplante, gesteuerte Organisation.

inspiriert durch Taleb, der durch Hayek inspiriert wurde

♥

Leben in Liebe, Leben in Freiheit – Freiheitsliebe leben. Liebe und Freiheit sind zwei Seiten einer Medaille. Niemand kann zur Liebe gezwungen werden. Dort, wo Freiheit herrscht, ist Zwang abwesend. Liberale sind Freiheitsliebhaber. Sie haben dafür viele gute Gründe und nicht zuletzt ein offenes Herz. Leider verhält es sich mit der Freiheit wie mit der Liebe: Sie kommt und geht. Umso wichtiger ist es, sich für sie einzusetzen, sie zu hegen und zu pflegen – die Liebe zur Freiheit.

♥

Märkte

Märkte verbinden Menschen.

Russ Roberts

Mitbestimmen

Mitbestimmen heißt Mitwissen, Mitwirken, Mitverantworten.

inspiriert durch Wilhelm Röpke

♥

Moral

Moral wird von Ästhetik abgelöst, Recht von Moral – das Erscheinungsbild wird wichtiger als die Botschaft, wichtiger als der Inhalt. Entschiedenheit wird gespielt.

♥

Für sich selbst einstehen: das ist das Schwerste und war es schon immer. Eben davor flieht der Moralist.

Imre Kertész

♥

Menschen, Märkte und Moral. Im Mainstream gilt diese Mischung geradezu als meschugge. Auch Ordoliberale glaubten, Märkte seien ein Moralzehrer. Das Problem der Moral ist, dass es keine gibt, die alle Menschen teilen, ausgenommen den Mutualismus (Henry Hazlitt), also die Einsicht in die vorteilhafte Kooperation mit den Mitmenschen. Sobald das Recht herrscht, ist für fast jede Moral ein Plätzchen vorhanden.

♥

Natur

Im Wald komme jener Friede Gottes über Dich,
der sanft und kräftig genug ist,
Dich mit Dir und der Natur ins Glück zu setzen.

inspiriert durch Bonhoeffer

♥

Der Wald ist meine Kirche.

Ausspruch meines Großvaters

♥

Natur erdet.

♥

Neoliberal

Selten in der Geschichte verdanken wir so viel so wenigen
Menschen wie den Neoliberalen. Stellen Sie sich Ihr Leben und
das Ihrer Vorfahren nach dem Zweiten Weltkrieg einmal ohne
ihr Wirken vor. Dann können Sie einfacher ermessen, wie viel
die Neoliberalen vor Jahrzehnten für Sie heute getan haben.

Wir leben nicht im Zeitalter des Neoliberalismus,
sondern des Neosozialismus.

♥

Opportunität

Keine Wahl bleibt ganz ohne Reue.

Marion Zimmer Bradley

♥

Paternalismus

Immer wieder wird über verführerische Werbung und sinnlosen Konsum geklagt. Da mag etwas dran sein. Aber Bedürfnisse können nur geweckt werden, wenn sie zumindest latent vorhanden sind. Eine pauschale Ablehnung von neuen, innovativen Gütern und einer lediglich induzierten Nachfrage hieße, den Buchdruck und E-Books, das Auto und Schokolade zu verdammen. Welche Kriterien, wenn nicht die der Kunden, sollen entscheiden? Welche Welt entsteht, wenn Menschen die Macht haben, für andere mündige Menschen zu entscheiden?

♥

Politische Korrektheit

Wer in der Herde läuft, muss Ärschen folgen.

Karl Kraus

♥

Prinzipien

Durch Prinzipientreue sexy sein.

Schönwetter-Prinzipien sind keine. Prinzipien binden das Handeln, bieten eine Richtschnur, gerade wenn es schwer fällt und notwendig ist.

♥

Freihandel, guter Wille und Frieden zwischen den Nationen! – diese Parole von Cobden ist zeitlos gültig!

♥

Die rotarischen Prinzipien lassen sich als Fragen verinnerlichen:

„Bei allem, was wir denken, sagen oder tun, sollten wir uns fragen:
1. Ist es wahr?
2. Ist es fair für alle Beteiligten?
3. Wird es Freundschaft und guten Willen fördern?
4. Wird es dem Wohl aller Beteiligten dienen?"

♥

Prinzipienreiter sind selten geworden. Im Paragraphenrausch sind sie untergegangen. Die Gesetzgeber haben an der Zerstörung der bürgerlichen Kultur und ihrer Prinzipien erheblichen Anteil. Alles wird durch den Staat geregelt. Und wenn es darauf ankommt, ist der politische Rechtsverstoß prinzipiell alternativlos. Es ist Zeit, sich der Prinzipien der Natur und der freien Gesellschaft zu erinnern. Einen Anfang kann jedermann mit den rotarischen Leitfragen machen.

Rache

Revenge is a season in hell.

Sizilianisches Sprichwort

♥

Recht

Rechts im wohlverstandenen Sinne heißt, für das Recht einstehen, für das Rechte, das Richtige, die Gerechtigkeit, das Rechtliche, das Redliche – für das wirklich Natürliche, für Liebe, Freiheit, Würde und Ehrfurcht vor dem Ewig-Guten im Vatererbe.

Erich Ritter v. Kuehnelt-Leddihn

♥

Schönheit

Reiz ist Schönheit in Bewegung.

Gottfried Ephrahim Lessing

♥

Schönheit erfordert Fürsorge.

Sehnsucht ist Streben nach Vollkommenheit - Schönheit ein Resultat.

♥

Schwachsinn

*Ich weiß aus eigener Erfahrung, dass man den letzten
Schwachsinn behaupten kann, um dann noch
Schwachsinnigere zu finden,
die daran glauben.*

Herbert Achternbusch

♥

Sozialer Friede

*Sozialer Friede herrscht, wenn das Recht der Freiheit herrscht.
Wer sollte ein Interesse an sozialem Unfrieden haben? Wer
würde die Unterstützung von Armen verweigern, wenn Friede
und Ordnung in Gefahr geraten? Sozialer Friede ist eine
vermeintliche Staatsaufgabe, tatsächlich aber das Resultat
ungestörten Zusammenlebens.*

♥

Sozialismus

*Die größte Gefahr für die menschliche Zivilisation und
für den Fortbestand des Menschengeschlechts geht bei Politik
und Interventionen vom Sozialismus sämtlicher Schattierungen
aus, weil dessen Vertreter über vereinzelte Eingriffe
hinausgehen und das ganze System verändern wollen/werden.*

Sozialismus ist die zu Ende gedachte Herdentiermoral.

Nietzsche

♥

Samtpfoten-Sozialismus

Mit "Fauler Zauber. Schein und Wirklichkeit des Sozialstaats"
wird enthüllt, daß es sich beim Sozial- und Wohlfahrtsstaat um
einen schleichenden oder "Samtpfoten" – Sozialismus handelt,
der ebenso zusammenbrechen muß wie der "harte"
Sozialismus – aber eben langsamer und später. Wie jede Art
und Form von Sozialismus stellt er ein unwiderstehliches
politisches Machtinstrument dar, das jedoch wegen seiner
Sozial- und Moral-Schalmeien von den Freunden der Freiheit
und den Verteidigern der Wahrheit noch schwerer zu entlarven
und zu bekämpfen ist als der "alte" Sozialismus. Seine
zerstörerischen Wirkungen auf Freiheit, Recht, Moral, Karitas,
Wohlstand und Gesellschaft werden akribisch als "Fauler
Zauber" herausgearbeitet.

Roland Baader

♥

Spazieren

Spaziergänge und Radfahren sind Ausflüge in eine andere
Gedankenwelt; sie öffnen Augen und Ohren, Herz und
Verstand, lockern Blockaden, beflügeln und lenken die
Konzentration auf eine Innovation.

inspiriert durch Elisabeth Noelle-Neumann und
den Flaneur Nassim Nicholas Taleb

♥

Sport

Sport ist zwar nur ein Spiel, zumal als Mannschaftssport, aber es steckt ganz viel Alltägliches darin: Erfolg und Niederlage, Freude und Ärger, Einzel- und Teamleistung, Herausragendes und Routine, schließlich Anstrengung und Gelingen.

♥

Für mich ist Radfahren die Freude über den Wind im Gesicht, das Geräusch der Reifen auf der Straße und das Gefühl der Freiheit.

Sir Paul Smith

♥

Staat

Irhal - Haut ab!

Protestruf im Arabischen Frühling

♥

Der Schutz des Bürgers ist wichtiger als der Schutz des Staates.

♥

Der Staat soll nämlich auf keine Weise für das positive Wohl der Bürger sorgen, daher auch nicht für ihr Leben und ihre Gesundheit – es müssten denn Handlungen andrer ihnen Gefahr drohen –, aber wohl für ihre Sicherheit.

Wilhelm von Humboldt

Staatsaufgabe

Die Aufhebung aller Systeme der Förderung und Beschränkung lässt ein natürliches System der Freiheit von selbst entstehen. Dem Staat verbleiben drei Pflichten: äußere Sicherheit (Verteidigung gewährleisten), innere Sicherheit (Recht durchsetzen) und begrenzte Verwaltungsaufgaben für die öffentliche Sphäre – kurz: der Schutz von Leib, Leben und Eigentum.

♥

Steuern

Jede unnötige Steuer bedeutet einen Angriff auf das Privateigentum, der umso widerwärtiger ist, als er mit der ganzen Feierlichkeit des Gesetzes geführt wird, und umso empörender, als eine mit allen Mitteln gerüstete Staatsmacht gegen den wehrlosen Einzelnen vorgeht.

inspiriert durch Benjamin Constant

♥

S-lastig ist das Freiheits-ABC. Das liegt am Staat mit seinen Steuern und dem Schwachsinn, der im Namen des Staates tagtäglich auf uns einströmt. Vollends in Vergessenheit geraten ist die ureigenste Staatsaufgabe. Sie umfasst nur zwei Worte: neutrale Schutzinstanz. Es ist Zeit für mehr Sport. Dann wird aus dem fetten ein fitter Staat, und der fungiert als angesehener Schiedsrichter, nicht als willkürlicher Mitspieler.

♥

Talent

Ein Talent muss man hegen und pflegen. Niemand, schon gar nicht ein großes Talent, schafft es von allein, ohne etwas aus dem Talent zu machen. Man muss es entwickeln.

inspiriert durch Günther Netzer

♥

Toleranz

Toleranz ist ein opferbereites Ertragen anderer Meinungen, die gegen eigene Überzeugungen prallen.

inspiriert durch Erich Ritter v. Kuehnelt-Leddihn

♥

Widersprüche im Charakter, seltener im Handeln, machen einen Menschen attraktiv, nicht deren Abwesenheit.

inspiriert durch Nassim Nicholas Taleb

♥

Wirtschaftsordnung

Die (markt)wirtschaftliche Ordnung ist ein Gefüge bewegender und bewegter Informationsanzeiger. Preise, Zinsen und Löhne geben Auskunft über Knappheit und Wertschätzung. Sie koordinieren unüberschaubares menschliches Handeln.

♥

Wie funktioniert Wirtschaft? So: 3 P sorgen für 3 I. Das bedeutet Privateigentum, Preise, Profite und Verluste sorgen für Informationen, Innovationen und Anreize (Incentives). Ohne die 3 P gibt es keine 3 I.

inspiriert durch Peter Boettke

♥

Wirtschaftsförderung

Wirtschaftsförderung schadet der Wirtschaft. Es gibt kluge Ausnahmen. Allzu oft schütten indes Politiker und Staatsbedienstete Sand in das Getriebe der Wirtschaft und versprechen, sie dadurch wieder in Gang zu bringen, dass sie noch mehr Sand hineinschütten. Eine weithin bewunderte Logik.

♥

Wohlfahrtsstaat

Hinter dem Schleier wohltätiger Absichten und Glückseligkeit der alles und jeden fördernde Politiker verbirgt sich seit Bismarck ein Ziel: puren Machterhalts.

inspiriert durch Rainer Hank, der wiederum durch Wilhelm von Humboldt inspiriert wurde

♥

Der Wohlfahrtsstaat-Politiker wird zu einem skrupellosen Reklamefachmann, der sich nur fragt: Wie wirkt es?

♥

Da der Staat kein Geld hat, müssen seine massenhaften
Bedürfnisse von den Massen bestritten werden – und dies geht
letztlich nur auf Kosten der Armen.

inspiriert durch Ludwig Bamberger

♥

Wohlfahrt statt Staatswohl. Die gigantische Maschinerie aus
Saug- und Druckröhren in die Portemonnaies der Menschen
und vor allem aus ihnen heraus ist ein hässlicher Apparat, der
als große Errungenschaft gilt. Einfalt statt Vielfalt regiert
unsere Welt. Machen Sie sich einmal Gedanken wie eine
bessere, freiere Welt aussehen könnte. Aber Vorsicht: Ein
Gedanke ist der Ursprung der Tat.

♥

Zeit

Das Leben kommt und vergeht,
was bleibt, ist der hohe Himmel über dem Land,
die weiten Horizonte
und die ewige Brandung der See.

Rundbrief 32. Infanteriedivision

♥

Zensur

I am seriously opposed to censorship of any sort.

Don Johnson

Ziele

Der Realist weiß, was er will.
Der Idealist will, was er weiß.

Lebensweisheit

♥

Zufall

Der Zufall ist besser als die Absicht. Und er spielt eine viel größere Rolle als wir Narren des Zufalls glauben.

inspiriert durch Schiller und Taleb

♥

Zum Schluss stehen vier zeitlose Plädoyers: Geduld statt Aktivismus! Geben Sie Gedankenfreiheit! Die Vision von heute ist die Realität von morgen! Freiheit schafft Raum für das Entdecken und den Zufall. Wer möchte schon in einer vermeintlich optimalen Welt leben, in der jeder Schritt fremdbestimmt ist?

Indes werfen die Gegner dem Prinzip der Freiheit vor, dass es die Förderung der Selbstsucht bezwecke. Eugen Richter antwortete:

> *„Gerade umgekehrt! In der Freiheit findet die Selbstsucht eine Schranke in der Selbstsucht des andern. Derjenige, der möglichst teuer verkaufen will, findet ein Hindernis in den Bestrebungen derjenigen, die möglichst vorteilhaft kaufen wollen. Wird dem einen wie dem andern die Freiheit gelassen, so müssen beide die Selbstsucht dem*

gemeinsamen Interesse unterordnen. Wenn aber jemand behindert wird, so wird gerade die Selbstsucht des einen auf Kosten des andern unterstützt und statt der Gerechtigkeit ein System der Ungerechtigkeit begünstigt."

♥

Blogbeiträge

Antikes Unternehmertum: Zurück in die Zukunft

Die moderne IT macht's möglich, aber nur, wenn ein kluger Kopf dahintersteckt. Pascal Warnking hat moderne IT genutzt und seinen Kopf. Das Ergebnis scheint bestechend zu sein. In seiner Untersuchung des antiken, genauer römischen Seehandels verbindet der Trierer Althistoriker zwei Ansätze, um einschätzen zu können, wie römische Seehändler kalkuliert haben. Mittels einer spezifischen Software analysiert er die Wetterdaten von simulierten Handelsrouten. Eine umfangreiche Kostenanalyse berücksichtigt Handelswaren, Kapital- und Lagerkosten, Personalkosten und vieles mehr sowie Zölle. Auch der Economic Freedom Index findet im Rahmen seines institutionenökonomischen Ansatzes Verwendung.

Und das Ergebnis: Verkaufsmarge und Reisedauer bestimmten maßgeblich die Profitabilität der Handelsschifffahrt. Außerdem werden eine Reihe historischer Forschungsannahmen bestätigt und neue Einsichten in das antike Unternehmertum gewonnen.

Unternehmer waren schon in der Antike innovativ, haben die Welt verbunden und verbessert.

Beflügelnder Job

Arbeit ist das halbe Leben – zeitlich zumeist mehr. Wie ist es möglich, Freude in der Arbeit und durch die Arbeit zu empfinden? Nun, die Antwort fällt stets sehr individuell aus, aber nicht jeder muss einen völlig neuen Pfad entdecken – vielleicht nur sich selbst ein wenig besser kennenlernen.

Wir finden Freude und Glück zuallererst in uns selbst. Eine

wichtige Voraussetzung ist mit dem Berliner Philosophen Peter Bieri erfüllt, „wenn es uns gelingt, im Handeln, im Denken, Fühlen und Wollen der zu sein, der wir sein möchten." Das bedeutet erstens, ein selbstbestimmtes Leben zu führen. Hinzu kommt zweitens, sobald das Bild von uns selbst mit der Realität übereinstimmt, sind wir dem nahe, was wir sein möchten.

Dafür gilt es sich um sich selbst zu kümmern: Eigene Irrtümer und Wünsche erkennen. Verbindung zur guten Lebensenergie immer wieder aufbauen. (Selbst)Bildung durch kleine Fortschritte lässt sich in vielen Lebensbereichen erreichen, die auf die Arbeit einwirken.

Der weise Organisationspsychologe Edgar Schein hat menschliche Interessen und Beruf mit dem Konzept des Karriereankers in einen systematischen Zusammenhang gebracht. Eine Beobachtung ist, dass viele Menschen in Führungslaufbahnen drängen, dafür aber ungeeignet sind, und umgekehrt. Was Karriere ganz persönlich bedeutet, ist nicht automatisch mehr Führungsverantwortung, mehr Geld, mehr Macht. Vielmehr beflügeln uns unterschiedliche Fähigkeiten, Werte und Motivationen.

Edgar Schein führt acht Karriereanker an:

1. Autonomie und Unabhängigkeit
2. Sicherheit und Stabilität
3. Fachliche Kompetenz
4. Allgemeine Managementfähigkeiten
5. Unternehmertum
6. Hingabe an eine Sache
7. Herausforderungen
8. Integration von Leben und Arbeit

Kaum jemand ist in der Lage, alle seine Interessen im Job zu verwirklichen. Wer aber herausgefunden hat, was ihm wichtig ist und den Job findet, in dem er sich verwirklichen kann, für den gilt die Patriots-Weisheit: „Just do your job!" (and you'll be happy).

Cash: „Bargeld ist gedruckte Freiheit"

Diese zeitlose Aussage stammt von Frank Schäffler, der sich seit Jahren für gutes Geld engagiert. Warum ist Bargeld wichtig? Ist es nicht überholt und unbequem? Die Abschaffung von Bargeld würde dem Staat und großen Geschäftsbanken beträchtliche Macht verschaffen.

▪ Ohne Bargeld können negative Zinsen festgesetzt werden, ohne dass die Bürger und Kunden in Bargeld ausweichen können.
▪ Ohne Bargeld ist ein Bankenrun nicht möglich und der Anreiz, solide zu wirtschaften, sinkt.
▪ Ohne Bargeld ist jede Ausgabe einsehbar, jede wirtschaftliche Tätigkeit, bei der Geld fließt, nachvollziehbar – für jedermann, der sich Zugang verschafft; der Staat kann sich immer Zugang verschaffen.
▪ Ohne Bargeld können Alpträume wahr werden, darunter das Sperren eines oder aller Konten durch eine Bank oder den Staat, und es gibt keine Bargeldreserve, mit der man sich Essen kaufen kann.
▪ Ohne Bargeld werden die Bürger dem Staat ausgeliefert, gerade dann, wenn es darauf ankommt.

Ein solide arbeitender Staat und eine nach den Gepflogenheiten eines ehrbaren Kaufmanns wirtschaftende Bank haben es nicht nötig, Bargeld abzuschaffen.

Die IHK Gießen-Friedberg hat eine Resolution erlassen: *„Keine Obergrenze von Bargeldtransaktionen – gegen eine Abschaffung von Bargeld"*. Wer sich auf denkbar einfache Weise für Bargeld und Freiheit einsetzen möchte, kann dort per E-Mail Aufkleber bestellen und sie anschließend verteilen.

Dummheit – fünf Buchstaben: O x f a m

Es gibt Beleidigungen, die schmerzen. Sich dummdreist verhalten, einen penetrant für dumm verkaufen wollen, das gehört für mich dazu.

Die internationale Nichtregierungsorganisation Oxfam betreibt Geschlechtergerechtigkeit und Entwicklungshilfe. Schlimm genug. Ersteres ist absurd, letzteres ist gut gemeint und bewirkt regelmäßig das Gegenteil.

Nun beglückt uns Oxfam mit der Feststellung, die 8 reichsten Menschen würden mehr besitzen als 3,6 Milliarden Menschen. Und natürlich soll das schlecht sein und durch Umverteilung geändert werden.

Wo soll man anfangen?

- Ich gebe meiner Tochter 100 Euro und sie besitzt mehr als alle Schuldner weltweit zusammen.

- Tatsächlich ist die Armut weltweit in den letzten Jahren drastisch reduziert worden.

- Verteilung ist keine Frage der Gerechtigkeit, gerecht ist nur rechtskonformes Verhalten.

- Die Reichen haben Produkte verkauft, Nutzen gestiftet, Steuern bezahlt – alles ist bezahlt.

- Gleichheit ist nicht besser als Ungleichheit, nicht als Kategorie und nicht angesichts ungleicher Menschen.

- Wohlstand entsteht nicht durch Umverteilung, sondern durch Marktwirtschaft, nicht durch Entwicklungshilfe, sondern durch Unternehmer und bedarf funktionierender Institutionen…

Ich schaue mal, ob Facebook die Oxfam-Studie schon als Fakenews gekennzeichnet hat.

Ehe für alles

Was hat der Staat mit der Entscheidung zweier Menschen zu tun, die beschließen eine dauerhafte Verbindung einzugehen? Alles und nichts!

Die private Entscheidung über die persönliche Lebensweise bedarf keiner staatlichen Institution. Verträge können Menschen privat schließen. Lediglich für ihre Durchsetzung kann letztlich eine dritte, ggf. staatliche Institution erforderlich sein.

Allerdings ist die Ehe von Beginn eine private Entscheidung, die mit der öffentlichen Sphäre in Verbindung steht. Einerseits werden in der Regel Rituale vollzogen, die auf eine öffentliche Bekräftigung des privaten Entschlusses abzielen und Signalfunktion besaß. Andererseits haben weltliche und religiöse Herrscher die Ehe für ihre Zwecke genutzt, etwa für Bündnisse und Friedensschlüsse, aber auch für wirtschaftliche Zwecke, z.B. auch durch Kaufleute.

Die Aufgabe des Staates ist die Durchsetzung des Rechts, unter dem alle Menschen gleich sind. Faktisch fließen kulturelle Aspekte in die Rechtsbildung ein, Kultur und Recht wandeln sich. So hat der Staat erst in der zweiten Hälfte des 19. Jahrhunderts in Deutschland eine Zivilehe geschaffen und gegenüber der religiösen privilegiert. Die historische Normalität ist die Ehe zwischen Mann und Frau mit dem Ziel, eine Familie zu gründen. Das Christentum (und die damit verbundenen Sitten) hat die (monogame) Ehe zur legitimen Form der Familiengründung gemacht. Diese Auffassung ist seit relativ kurzer Zeit weder allgemeingültig noch maßgeblich.

Da der Staat die Ehe wirtschaftlich und rechtlich privilegiert, gehen von dieser Praxis Anreize aus. Ein wesentlicher Bestandteil der Ehe – die wirtschaftlich-soziale Dimension – ist durch den Staat verstärkt worden. Die rechtliche Sonderstellung bestand bereits im Römischen Reich, nicht zuletzt aus wirtschaftlichen, wahrscheinlich aber auch aus Stabilitätsgründen.

Die „Ehe für alle" setzt die staatliche Privilegierung fort, nunmehr von Paaren gegenüber (zeitweise) Alleinstehenden. Der nächste Schritt ist die Ehe für Singles. Single-Hochzeiten nehmen in Japan bereits rapide zu. Dann folgt die Vielehe, vermutlich kommt sie schneller.

Fair – ein politisches Wieselwort

Das englische Wort „fair" bedeutet „anständig" und „ordentlich". Im Spiel bezeichnet „fair" ein Verhalten, das im Einklang mit den Spielregeln steht – man hat sich an die Regeln gehalten, Regelverstöße wurden geheilt. Damit wurde der Gerechtigkeit genüge getan und der Anstand gewahrt. Fairness wird insbesondere dann gewürdigt, wenn die Regeln unter erschwerten Bedingungen eingehalten wurden. Beispielsweise liegt ein Tennisspieler zurück und bekommt einen Punkt zugesprochen, weil der gegnerische Ball im Aus gewesen sein soll. Doch der begünstigte Spieler kreist auf dem Ascheplatz den Abdruck ein und weist darauf hin, dass der Ball im Feld war.

Interessanterweise gibt es im Englischen mindestens zwei Arten des Gebrauchs von fair. Erstens wird Zustimmung und Anerkennung geäußert. „A fair woman" ist eine hübsche Frau. „Fair play" bedeutet die Anerkennung eines regelkonform verlaufenen Spiels. „Fair statement" meint, die relevanten Fakten wurden berücksichtigt. Durchweg beziehen sich Zustimmung und Anerkennung n i c h t auf das Ergebnis, sondern den Verlauf.

Zweitens werden Kompromisse und Beschwichtigungen damit eingeleitet. „Fair enough" heißt weder gut noch schlecht, dennoch zufriedenstellend. „Fair settlement" beendet einen Konflikt, bei dem beide Seiten nachgegeben haben. „Fair try" ist weder Erfolg noch Fehlschlag, sondern ehrliches Bemühen.

Und „fair criticism" meint schließlich eine valide begründete, aber nicht zerstörerische Kritik. Durchweg wird mit „fair" eine Bewertung für das Handeln abgegeben.

Problematisch wird es, wenn fair als Bewertung von Ergebnissen eines Verteilungsprozesses, also nicht des Prozesses selbst, sondern des Verteilungsendzustands verwendet wird. Statt Regelkonformität und anständigem Verhalten wird nun die Gleich- und Ungleichverteilung mit einem dafür nicht passenden Adjektiv belegt. „Gleich" hat aber nichts mit „fair" zu tun. Und „ungleich" bedeutet nicht „unfair". Das Ergebnis eines Spiels ist niemals fair oder unfair. Auch die ungleichen Voraussetzungen zweier Mannschaften oder zweier Spiele sind keine Frage der Fairness. Die sportliche Übermacht des FC Bayern hat nichts mit Fairness zu tun. Steffi Graf war 377 Wochen die Nummer 1 der Weltrangliste. Das kann man gut oder schlecht finden, aber ihre Ausnahmestellung hatte ebenfalls nichts mit Fairness zu tun.

Wer das Wort „fair" für etwas anderes benutzt als es bedeutet, verwandelt das Wort entweder in ein Wieselwort – die Hülle bleibt, der Inhalt wird ausgesogen – oder betreibt Orwellschen Missbrauch: „Freiheit ist Sklaverei".

Freiheitsfitness

In einem gesunden Körper wohnt ein Freiheitsgeist. Das körperliche Wohlbefinden fördert das geistige. Wer fit ist, fühlt anders, geht anders, lässt sich weniger beeindrucken – beeindruckt vielleicht selbst. Nicht Mitläufer, außer beim Sport, sondern Vorturner – auf jeden Fall selfmade Man und Woman.

Ich kann mit dieser Aussagenkette viel anfangen: Das körperliche Wohlbefinden fördert das geistige. Der Geist formt das Bewusstsein und verstetigt die Bemühungen um körperliche Fitness. Das Selbstbewusstsein wächst. Die innere Stärke geht mit der äußeren einher.

Für eine solche Freiheitsfitness braucht es keine politischen Verrenkungen. „Just do it!" geht ganz individuell und auch in der Gruppe – als Homo socialis fitness.

Was ungemein hilft ist jemand, der auf Fitness spezialisiert ist und Anregung, Anleitung und Unterstützung bietet. In Berlin kann ich Sven und Takis von „Diamond Training Berlin" empfehlen. Fitness für die Freiheit ist jederzeit möglich. Ran ans Freiheitswerk!

Große Misere: der ökologische Fehlschluss

Als ökologischer Fehlschluss wird der verbreitete Denkfehler bezeichnet, von Aggregatdaten, die Merkmale eines Kollektivs abbilden, auf Individualdaten zu schließen.

Fettreiches Essen fördert nicht Brustkrebs – die Kausalbeziehung ist nur eine Korrelation. Ausländer sind nicht gebildeter als Inländer in den USA – sie leben nur in Bundesstaaten mit einer durchschnittlich niedrigeren Bildungsrate. Das sind Beispiele, die David A. Freedman in einem kurzen, tw. mathematischen Artikel für die International Encyclopedia of the Social & Behavioral Sciences beschrieben hat.

Die Österreicher kritisieren in der Volkswirtschaftslehre seit Jahrzehnten eine Makroökonomie ohne Mikrofundierung, weil geradezu täglich Kollektive oder Aggregate zum Bezugspunkt wirtschaftspolitischen Handelns werden, etwa wenn das Wachstum angekurbelt werden soll. Das Wachstum ist jedoch eine statistisch konstruierte, wenn auch nachvollziehbare Größe, die sich nicht mechanisch beeinflussen lässt. Ein Netzwerk kann man nicht ankurbeln, eine Residualgröße nicht direkt und nur schwer indirekt steuern.

Volkswirtschaften wachsen, wenn Unternehmen und

Konsumenten im Rahmen des Rechts frei entscheiden können, wenn sie Fehler machen können und lernen, wenn Eigentum geschützt, Preise staatlich nicht manipuliert, Gewinn und Verlust beide Teil unternehmerischen Handelns sind und nicht einzelne Branchen oder Unternehmen gerettet werden.

Regelmäßig wird aus dem Denkfehler einzelner eine folgenschwere Belastung für ein Kollektiv – tagtäglich in der Wirtschaftspolitik zu besichtigen.

Handel: alle profitieren über Grenzen hinweg

Bei Adam (und Eva) muss man heute in der Ökonomik wieder anfangen. Adam Smith ist aktueller denn je: *„If a foreign country can supply us with a commodity cheaper than we ourselves can make it, better buy it of them…"*.

Freihandel kennt keine Grenzen und stellt alle Beteiligten besser. Arbeitsteilung, Produktivitätssteigerung und die automatische Koordination von Ressourcen mit größtmöglicher Effizienz gehören zu den Triebkräften und Begleiterscheinungen.

Wer nicht weiß, dass Freihandel für alle gut ist, der hat Adam Smith nicht gelesen oder nicht verstanden. Zölle und Steuern, staatliche Regulierungen und Kontrollen machen die Menschen ärmer, nicht wohlhabender – international und national.

Wer sich nicht die Mühe machen möchte, um die knapp 1000 Seiten von Adam Smiths ökonomischem Bestseller zu lesen, der findet hier eine komprimierte Fassung. Wie immer bei Eamonn Butler, dem Direktor des Adam Smith Institute, gut gemacht: „The Condensed Wealth of Nations and The Incredibly Condensed Theory of Moral Sentiments" – kostenloser Download auf der Seite über Adam Smith.

Illusion: Was man sieht und was man nicht sieht

Herausragender Erfolg ist das Ergebnis harter Arbeit und glücklicher Umstände.

Zumeist schauen wir in der globalen Hochglanzwelt auf die großen Erfolge, ohne uns Zeit zu nehmen. Zeit, für die lange Geschichte, die einem Erfolg vorausgeht. Ob Sportstars, Literaten und Musiker, oder Erfinder, Unternehmer und die großen Ökonomen und Sozialphilosophen. Zum Erfolg gehört mehr als das, was man sieht. Die nachstehende Graphik illustriert das anschaulich mit Schlüsselbegriffen.

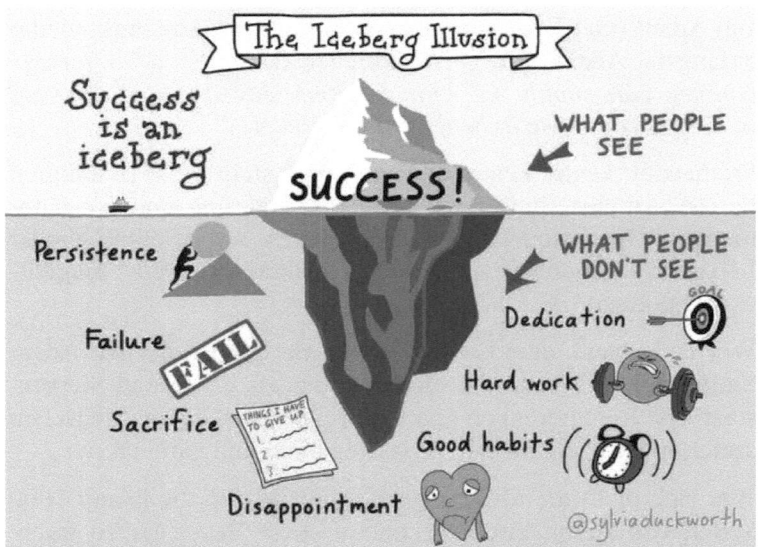

Russell Roberts beschreibt in „The Price of Everything" eindringlich, was ein Erfinderunternehmer alles durchstehen muss, um endlich Erfolg zu erzielen. Die Aussicht auf das große Geld gehört angesichts all der Belastungen schließlich auch dazu.

Was auf der Graphik fehlt und auch in Roberts Sachbuch-Roman ist „joss" – Glück, das manche Menschen wie eine göttliche Fügung erfahren und andere nicht. Zwei Beispiele:

Ludwig von Mises bekam keinen Lehrstuhl in Wien, trotz guter, aber nach Kriegsende und Militärdienst noch nicht überragender Leistungen. In New York angekommen, beharrte er geradezu starrköpfig darauf, in der Stadt zu bleiben und ließ die Chance auf einen Lehrstuhl anderswo verstreichen. Eine Alterskarriere blieb aus. Tom Brady war der Ersatz vom Ersatz vom Ersatzquarterback bei den New England Pnudgatriots. Als alle drei ausgefallen waren und er sich an ihnen vorbei trainiert hatte, schlug seine Stunde. Beide haben sich geradezu wie besessen mit ihrer Materie befasst.

Was bleibt? Im Kleinen und Großen: „Take your chance!"

Juchu: Bald so warm wie 1913

Die Hysteriepresse heizt ein. Manchem ist es schon zu heiß, anderen freuen sich über das warme, sonnige Wetter.

Die Medien ergehen sich in kollektivistischer Besserwisserei: „Deutschland und Teile Europa stöhnen unter einer Hitzewelle" heißt es beispielsweise. Und dann folgen Angaben von Höchsttemperaturen.

Würden diese nicht erreicht, wäre das auch eine Schlagzeile wert: Zu heiß, zu kalt, zu feucht, zu trocken! Wer allein auf den Durchschnittswert schaut, sieht nur Abweichungen.

Immerhin kommen auch Stimmen der Vernunft zu Wort. Solche Hitze- und Trockenperioden habe es schon immer gegeben, kommentiert ein Wetterfrosch.

Allerdings haben Klimahysteriker nun ein Problem. Einhundertvier Jahre haben die Schornsteine gequalmt, die Auspuffe geraucht; in den Industrieländern längst mit Filtern und Katalysatoren. Nach über 100 Jahren könnte nun der Hitzerekord eingestellt werden. Das gibt dann auch eine Schlagzeile:

Eiszeit überwunden – endlich wieder so warm wie 1913.

Kritik ist Kunst

Besonders gelungen ist eine Kritik, die das zum Ausdruck bringt, was der Autor des rezensierten Textes wollte und konnte – kurz: wenn sich der rezensierte Verfasser verstanden fühlt. Zudem sollte der Leser einen prägnanten Eindruck vom Inhalt des Werkes bekommen. Eine nachvollziehbare Bewertung hilft immer.

Kritik lässt sich als feine Kunst begreifen. Kritik gleicht, mit Uwe Justus Wenzels Worten: Die Kunst des feinen Urteils, einem unabgeschlossenen Weg zur Wahrheit. Ich mag dieses Bild aus zwei Gründen:

1. erinnert es mich an die österreichische Auffassung von Märkten als Prozesse, die niemals das Gleichgewicht erreichen,

2. ist Wahrheit häufig abhängig vom Standpunkt und damit zuletzt Ausdruck von Konstruktivismus – einer überaus mächtigen Leitvorstellung (Wahrheit ist ein bedeutungsreicher Begriff).

Kritik erfordert Unterscheiden und Entscheiden. Der klassische Liberalismus bietet dafür einen Kompass. Ein Beispiel ist die Populismusdebatte, der es an konsequenter Freiheitsperspektive und damit tieferer Ursachenanalyse mangelt.

Kritik wird zur Kunst, wenn es gelingt einen „*kakophonischen Chor im Kopf zu dirigieren*" und etwas Wohlklingendes daraus zu machen.

Liberale Witze – gesucht

In politischen Dingen geht es schnell ernst und zuweilen kämpferisch zu. Da Liberale in der Regel vernunftbasiert argumentieren und auf der Suche nach dem zwanglosen Zwang des besseren Arguments sind, würden sie von Humor, Witz und Charme profitieren.

Das hat mich zu der Frage geführt, ob es liberale Witze gibt. Ich bin selbst kein Witzerzähler. Das passt zu meinem Streben nach einem konsequenten Liberalismus. Dennoch bin ich auf der Suche nach liberalem Lachen (liLa). Daher freue ich mich über liberale Witze, gerne auch formlos an: info@forum-ordnungspolitik.de

Immerhin, Systemwitze habe ich gefunden:

* Sozialismus (Frühphase):

Sie besitzen zwei Kühe. Ihr Nachbar besitzt keine. Die Regierung nimmt Ihnen eine ab und gibt diese Ihrem Nachbarn. Sie werden gezwungen, eine Genossenschaft zu gründen, um Ihrem Nachbarn bei der Tierhaltung zu helfen.

* Sozialismus (Endphase):

Sie besitzen zwei Kühe. Ihr Nachbar besitzt keine. Die Regierung beschlagnahmt beide Kühe und verkauft Ihnen die Milch. Sie stehen stundenlang für die Milch an. Sie ist sauer.

* Sozialdemokratie:

Sie besitzen zwei Kühe. Ihr Nachbar besitzt keine. Sie fühlen sich schuldig, weil Sie erfolgreich arbeiten. Sie wählen Leute in die Regierung, die Ihre Kühe besteuern. Das zwingt Sie, eine Kuh zu verkaufen, um die Steuern bezahlen zu können. Die Leute, die Sie gewählt haben, nehmen dieses Geld, kaufen eine Kuh und geben diese Ihrem Nachbarn. Sie fühlen sich rechtschaffen. Udo Lindenberg singt für Sie.

* Liberalismus:

Sie besitzen zwei Kühe. Ihr Nachbar besitzt keine. Na und?

* Kapitalismus:

Sie besitzen zwei Kühe. Sie verkaufen eine und kaufen einen Bullen, um eine Herde zu züchten.

* Anarchie:

Sie haben zwei Kühe. Sie laufen davon und werden von Unbekannten gemolken.

* Dezentralisierter Anarchismus:

Sie haben zwei Kühe, Ihr Nachbar hat keine, ist dafür aber künstlerisch hochbegabt. Ihr gründet eine freie Zelle, Sie ernähren ihn, er verkauft seine Bilder oder seine Musik, verdient mächtig Kohle damit, die ihr euch teilt. Sobald ihr genug Besitz und Ruhm habt, gesellen sich neue Leute zu eurer Zelle hinzu, mit anderen Talenten, und irgendwann könnt ihr eine eigene Währung in die freie Währungskonkurrenz der Weltwirtschaft einbringen, wodurch ihr noch reicher werdet. Irgendwann beginnt ihr dann, eine Armee aufzustellen, einen Staat zu gründen und andere Zellen mit Gewalt zu zerstören.

* Bürokratie:

Sie besitzen zwei Kühe. Die Regierung holt sich beide, erschießt die eine, melkt die andere, bezahlt Sie für die Milch und schüttet sie dann in den Abguss.

* Umweltökonomie:

Sie besitzen zwei Kühe. Die Regierung verbietet Ihnen, sie zu melken oder zu töten.

* Demokratie:

Sie besitzen zwei Kühe. Sie können frei bestimmen, wer sie ihnen wegnimmt.

Maas der Kleine

Der Bundesjustizminister hat ein Buch geschrieben (Aufstehen statt wegducken: Eine Strategie gegen Rechts). Das ist eigentlich keine Nachricht wert. Interessant ist ohnehin nicht das Buch, sondern die Rezensionen und die Reaktion der Fülle von Kommentatoren und Rezensenten sind aufschlussreich. Auf Amazon wurde Zensur-Heiko mächtig abgewatscht. Ein fulminanter Verriss ist in der Wochenzeitung „Junge Freiheit" erschienen. Großartig humorvoll. Dann gibt es noch 85 Rezensionen auf Amazon. Stand 25. Mai 2017 sind es 85, darunter 81 mal 1 Stern. Die drei Rezensionen mit 5 Sternen und die eine mit 4 Sternen sind ebenfalls Verrisse.

Es ist eine wahre Freude, diese freien Meinungsäußerungen zu lesen – von ernsthafter Entrüstung über belustigter Verspottung bis hin zur klaren politischen Analyse. Es sind großartige Formulierungen dabei. Das Volk der Dichter und Denker – des Alltags und der sozialen Medien – erwacht zu neuer Blüte. Beispiele gefällig?

Rubrik „kurz und knapp":

„Sprachlich und inhaltlich eine Schande für jemanden, der versucht Politiker zu sein."

„Als Minister eine Niete, reüssiert Maas als Autor nicht weniger schlecht."

„Eigentlich minus 5 Sterne. Von den nicht verkauften Exemplaren könnte man eine Mauer vor dem Haupteingang des Ministeriums errichten."

„Unser „Justizminister", auch bekannt als Taschennapoleon und Bonsai-Mielke, hat hier ein Pamphlete über alles, was ihm nicht in den linken SPD Kram passt, verfasst."

Rubrik „Richtigstellen":

„Maas bringt es doch tatsächlich fertig, den so genannten „Neoliberalismus" – der nichts anderes ist als Ordo-

liberalismus, die Grundlage der sozialen Marktwirtschaft – in den selben Topf wie rechte und rechtsradikale Strömungen zu werfen und seine Leser zum Kampf dagegen aufzufordern."

Rubrik „Politisch inkorrekter Durchblick":

„Von unserer Justizwitzfigur hätte ich eigentlich ein lustiges Buch erwartet. Aber genau wie in seinem Dasein als Hobbypolitiker, setzt er auch in seinem Buch, den eingeschlagenen Rumheulkurs gnadenlos fort. Das Beste an diesem Machwerk ist wohl, dass er während des Schreibens, für einen viel zu kurzen Moment, seiner Umgebung nicht zu sehr auf den Sack gehen konnte."

Rubrik „Nur Humor hilft":

„Heiko Maas ist zweifelsohne der klügste und engagierteste Politiker, den die Bundesrepublik je hatte. Ich liebe es, wie er objektiv und mit Augenmaß sämtliche Extremismen – sei es der Rechte, sei es der Linke, sei es der Religiöse – gleichermaßen bekämpft. Der Kampf gegen das allgegenwärtige Rechts ist natürlich seine oberste und einzige Priorität und das ist auch richtig so. Rechts lauert überall, wenn man nicht aufpasst, zeigt sogar der Henkel der Kaffeetasse nach rechts. Rechtshänder sind in Deutschland mit erschreckenden 83 % klar in der Mehrheit."

Aber lesen Sie selbst! Ich finde: Bei dem Humor und der Rechtschaffenheit der Kommentatoren und Rezensenten zeichnet sich ein Lichtstreif am fernen Horizont ab. Hier duckt sich keiner weg. Hier ist eine Strategie erkennbar gegen die neuen Unterdrücker. Deutschland ist nicht ganz von Sinnen, nur die Masse des politischen Personals, der Journaille, schließlich noch alle Gesinnungsprofiteure.

Orientierung: Auswirkungen der Massenzuwanderung

Erich Weede gehört zu den Menschen, die etwas zu sagen haben. Dabei vermag er Breite und Tiefe in seinen Überlegungen mit einem nüchternen Blick auf die Realität zu verbinden. Politik, Soziologie, Ökonomie sind Felder, die er erfolgreich bestellt – zusammen mit interkulturellen Themen, wobei ein Schwerpunkt in Asien liegt.

Zur Herausforderung der Massenmigration hat sich Erich Weede in den „Orientierungen" der Ludwig Erhard Gesellschaft im Juni 2016 geäußert. In dem etwas ausführlicheren Beitrag geht er der Frage nach, welche Auswirkungen die Massenzuwanderung auf die alternden europäischen Sozialstaaten hat. Ich greife einige Aspekte heraus und gebe sie aus meiner Perspektive wieder:

- Die Kostenbilanz fällt bereits negativ aus und bleibt es absehbar dauerhaft. Gründe sind eine verschlechterte Humankapitalbasis, höhere Steuerlasten und zusätzliche Freiheitseinschränkungen. Statt einer Sanierung von Staatsfinanzen und Sicherungssystemen werden diese zusätzlich belastet.

- Die Integrationsbilanz fällt negativ aus und bleibt es absehbar auch dauerhaft. Die Masse der Einwanderer bringt weder ausreichende kognitive Fähigkeiten noch das Wissenskapital für Wohlstand mehrende Arbeitsplätze mit. Gewohnheiten, Normen und Verhaltenserwartungen bergen nicht nur im Geschlechterverhältnis erhebliches Spannungspotenzial: *„Je fremder die Kultur des Herkunftslandes ist, desto größer sind die Integrationsprobleme."* urteilt Weede.

- Kulturelle Heterogenität in Maßen bereichert, im Übermaß sorgt sie weltweit für politische Instabilität – vom Balkan über Nah-/Mittelost bis zu den USA und Nordirland. Entscheidend sind nicht die Zuwanderer, sondern deren

Kinder. Die machen bei den unter Zehnjährigen durchschnittlich bereits ca. ein Drittel aus und in Schwerpunkten über 60%. In den nächsten zwei Jahrzehnten wird sich bei fortgesetzter Massenzuwanderung Deutschland kulturell und politisch substanziell von der Bonner und Berliner Republik unterscheiden.

- Die Massenzuwanderung bläht die Staatstätigkeit weiter auf. Die wirtschaftliche Freiheit wird reduziert, auch andere Freiheiten kommen etwa durch neue Sicherheitsherausforderungen unter Druck.

- Eine tragfähige Strategie kann sich an Erfahrungen Israels und der USA orientieren: Massiver (europäischer) Grenzschutz, gezielte Auswahl von Zuwanderern, Abbau des Sozialstaats.

Nach meinem Eindruck gibt es in der jungen, weltoffenen Generation viel Zustimmung für offene Grenzen und Migrationsfreiheit. Neben einer Fülle bereits ausgetauschter Argumente möchte ich auf zwei Dinge hinweisen: die Langfristperspektive und die wirtschaftlichen, sozialen und politischen Kosten. Diejenigen der jungen Generation, die Massenzuwanderung als Bereicherung empfinden, werden ihr Leben lang auch mit den Herausforderungen und Belastungen konfrontiert werden – es sei denn, sie wandern aus.

Querdenken – Demokratieproblem ernst nehmen

Leserbrief zum Gastkommentar „Das Demokratieproblem lähmt Europas Einheit" von Ludger Kühnhardt in der der NZZ am 22.02.2017.

Diagnose und Argumentation zum Demokratieproblem, das Europas Einheit lähmt, sind stimmig. Zugleich wirft der Beitrag drei Probleme auf, ohne sich damit zu beschäftigen:

1. Die Einheit Europas und die Gestaltungsfähigkeit der EU werden als per se wünschenswert angenommen (politische

Voreingenommenheit).

2. Die Diagnose, es fehle eine europäische Gesellschaft, wird als Defizit angesehen (politisch-gesellschaftliche Voreingenommenheit).

3. Die Präferenz von Elitenentscheidungen gegenüber anderen, als populistisch bezeichneten Entscheidungen bleibt unbegründet (institutionelle Voreingenommenheit).

Mit Anthony de Jasay ist es nutzlos zu sagen, dass wir etwas Anderes oder Besseres brauchen, als wir derzeit haben. Das benötigen wir immer. Nur ist es naiv zu glauben, dass das stets möglich ist, und noch dazu, dass es so kommen wird, nur weil wir es fordern.

Der Bonner Historiker Dominik Geppert hat anschaulich und verständlich aufgezeigt, dass es dieses – geforderte –Europa nicht gibt und wohl kaum jemals geben wird.

Was wir in der Demokratiekrise, die eine ausgeprägte Staatskrise ist, brauchen, ist keine Kritik der bekannten Nicht-Zustände, sondern das Erkennen von Chancen und tragfähigen Alternativen – darunter:

1. die Weiterentwicklung der Verfassungen durch bewährte, aber heute vergessene Mittel, z.b. Losverfahren als Ergänzung zu Wahlen,

2. konkurrierende regionale Entwicklungen zuzulassen, statt sich immer mehr zentralisierte Handlungsfähigkeit anzumaßen,

3. der Rückzug der hoffnungslos überforderten und aufgeblähten Staaten auf hoheitliche Aufgaben, damit die Bürger wieder ermächtigt werden und im politischen Wettbewerb die Weiterentwicklung von Demokratie und Rechtsstaat betreiben können.

Integration durch Verordnung scheitert. Wenn Europa enger zusammenwachsen soll, dann gelingt das nur freiwillig in einem Jahrzehnte währenden Prozess.

Rechtsradikal – sind wir heute alle ein wenig

Vor Gericht und auf hoher See … kann man nicht erwarten, das angestrebte Ziel zu erreichen. Auch wer sich im Recht fühlt, sogar Recht hat, bekommt nicht zwangsläufig ein Urteil, das er als gerecht empfindet. Juristen können beim Haarespalten schon einmal kahle Stellen verursachen.

Das liegt auch daran, dass gerade politische Begriffe schwammig verwendet oder gar ins Gegenteil verkehrt werden. Ein Beispiel: Höhe und Trend von Staatsquoten, Regulierungsausmaß und Zentralisierung widersprechen der gängigen Behauptung, wir würden in einer neoliberalen Welt leben. Ein weiteres Beispiel: soziale Gerechtigkeit – gibt es unsoziale Gerechtigkeit?

Einer der herausragenden Intellektuellen in Berlin, Jörg Baberowski, hat nunmehr einen Freispruch dritter Klasse kassiert. Der Bremer AStA darf den ausgezeichneten HU-Prof weiter als rechtsradikal bezeichnen. Vorwürfe des Rassismus, der Hetze und der Gewaltverherrlichung habe der AStA indes zu unterlassen.

In der bundesrepublikanischen Öffentlichkeit wirkt die rechtsradikale Keule immer noch. Was hilft, ist nur Vernunft, Widerrede und Humor. Also: Für mich ist Jörg Baberowski ein glänzender Intellektueller und sehr lesenswerter Historiker. Die Rezensionsabende im Literaturhaus Berlin (zs. mit Jens Bisky und Elke Schmitter) sind stets eine geistige Freude.

Als Wissenschaftler ist er anerkannter Experte für die Geschichte Osteuropas und für Gewaltforschung. Sein Vergleich von stalinistischem und nationalsozialistischem Terror gehört für mich zur Pflichtlektüre.

Bleibt noch Bremen. Der geistige Horizont des AStA scheint sich auf den des größten Tiers der Stadtmusikanten reduziert zu haben.

Schwarzer Terror in Altona

Am Altonaer Blutsonntag kam es zu gewalttätigen Auseinandersetzungen, bei denen 18 Personen erschossen wurden. Am 17. Juni 1932 hatten zunächst Kommunisten auf Nationalsozialisten geschossen und anschließend die Polizei auf (vermeintliche) Schützen auf Dächern und auf Gewalttäter.

Die blutige Episode war Teil eines Auflösungsprozesses der Weimarer Republik, die von Zeitgenossen als latenter Bürgerkrieg wahrgenommen wurde. Das Ausmaß und die Intensität der Gewalt des roten und braunen Terrors, die den Staat in die Zange nahmen, hat Dirk Blasius in einer lesenswerten historischen Studie „Weimars Ende. Bürgerkrieg und Politik 1930-1933" quellennah aufgezeigt.

Rote und braune Terroristen strebten an die Schalthebel der Macht, um ihre eigene Ordnung anstelle der bürgerlichen Gesellschaft zu errichten.

85 Jahre später entlädt sich in Altona bürgerkriegsähnliche Gewalt. Zu Tode kommt niemand, die Polizei hat sich enorm professionalisiert. Nationalsozialisten gibt es nicht mehr, nur noch Kommunisten, die in Schwarz geradezu uniformiert Assoziationen mit einer Organisation des nationalen Sozialismus wecken. Zugleich steht ihre kapitalistische Kleidung mit coolen Sonnenbrillen auf lächerliche Weise im Widerspruch zu ihren Parolen. Unterstützt werden sie von kommunistischen NGOs wie Attac und Antifa.

Einen Auflösungsprozess erleben wir nicht. Dennoch sollte sich niemand täuschen: Die Ideologie der Gewalttäter und ihrer Sympathisanten ist menschenverachtend, freiheitsfeindlich und neidzerfressen. Wer mit dem Wohlstand des Kapitalismus nicht mithalten kann, versucht, die Mitmenschen auf das eigene Niveau herunterzuziehen. Die Alternative Ordnung ist im Schanzenviertel zu besichtigen.

Leider sind die Medien überwiegend Teil des Problems.

Wir müssen uns für eine offene Gesellschaft und bessere, alternative Medien einsetzen.

Trump sei Dank

Der amerikanische Präsident hat entschieden: Die USA ziehen sich aus dem sogenannten Klimaabkommen von Paris zurück. Auf der Klimakonferenz war Ende 2015 beschlossen worden, den Anstieg der globalen Temperatur auf deutlich unter 2 °C, möglichst 1,5 °C zu begrenzen. Erforderlich wird dafür der weitgehende oder vollständige Stopp der Verbrennung fossiler Energieträger angesehen (vor allem Öl, Gas, Kohle). Trump konstatierte, wenn Neuverhandlungen zu einem besseren Deal für die amerikanischen Arbeiter führen würden, wäre das gut, wenn nicht, auch. Die EU erteilte Neuverhandlungen eine prompte Absage.

Mit dem Rückzug der USA dürfte das Klimaabkommen weitgehend bedeutungslos werden, da die USA nach China die zweitgrößte Menge an Kohlenstoffdioxid durch Verkehr, Heizen, Stromerzeugung und Industrie ausstoßen – das ist in etwa so viel wie die Menge der fünf nachfolgenden Staaten.

Die Ankündigung des US-Präsidenten ist gleich in mehrfacher Hinsicht bedeutsam:

- Eine realitätsfremde Ideologie wie die unbestreitbare menschengemachte Erwärmung kollidiert früher oder später mit der Wirklichkeit. – Die Erderwärmung pausiert seit 15 Jahren, und das während des industriellen Aufstiegs bedeutender Schwellenländer wie China.

- Der GröFug – der Größte Unfug aller Zeiten – könnte nunmehr ein Ende finden. Das hunderte Milliarden schwere Umverteilungs- und Privilegiengeschäft ist ein Auslaufmodell. Der Startschuss für eine Abkehr vom „Grünen Wahn" ist unüberhörbar.

- Die geradezu hysterischen Reaktionen der Medien

dokumentieren, dass der Vorwurf der Lügenpresse begründet ist. Die Selbstgleichschaltung der Medien bleibt ein zeitloses Phänomen, ihre einseitige Kritik der fehlerhaften Politik Trumps ist selbst voller Fehler.

• Die Globalisierung ist medienpolitisch anfällig für Fake News und absurde Ideologien vermeintlich neutraler und offizieller Institutionen – die Gefahr von Zentralisierung, Vereinheitlichung, Moralisierung und Mitläufertum sind offenkundig.

Wie heißt es noch: Die Wege des Herrn sind unergründbar. Und: Unverhofft kommt oft. Beides erscheint mir überwiegend unpassend. Dazu passt: Trump sei Dank.

Unvermögen: Klimaforscher können Klima nicht vorhersagen

In einem vorbildlich sachlichen und verständlichen Artikel hat Björn Peters, Ressortleiter Energiepolitik beim Deutschen Arbeitgeberverband den derzeitigen Erkenntnisstand der Klimaforschung resümiert. Die Ergebnisse sind erwartungsgemäß ernüchternd, zugleich aber auch enorm aufschlussreich.

Das IPCC schreibt im dritten Sachstandsbericht: *„die Vorhersage von zukünftigen Zuständen des Klimas [ist] nicht möglich."* Das Problem besteht darin, dass minimale Änderungen in der Modellierung zu drastischen Änderungen führen (können).

Im Einzelnen kommen folgende Probleme hinzu:

1. Demokratisierung statt Wissenschaftlichkeit, d.h. die im Sachstandsbericht verwendeten unterschiedlichen Modelle werden nicht nach ihrer wissenschaftlichen Korrektheit, sondern anteilig gleichberechtigt verwendet.

2. Mangelnde Detailgenauigkeit verringert Simulation erheblich, d.h. die Modell simulieren nicht die reale Welt, sondern räumlich und zeitlich nur ein Raster, z.B. das Klima alle 25 km.

3. Komplexe Wechselwirkungen werden nicht vollständig verstanden und modelliert, d.h. dass viele Annahmen und nicht Fakten in die Modelle einfließen und nur Teile der Wechselwirkungen berücksichtigt werden (können).

4. Die in den Modellen verwendete Annahme zwischen Wasserdampf-Konzentration und Temperaturanstieg existiert in der Realität nicht. Die Wirkung von Treibhausgasen auf das Klima wird drastisch überschätzt.

5. Die Überprüfung der verwendeten Modelle an historischen Klimaentwicklungen führte fast durchweg zu falschen Ergebnissen. Nicht erkannt wurden z.b. die Erwärmungspause von 1998-2012, die Eisbedeckung in der Antarktis, die Schneebedeckung auf der Nordhalbkugel, die Aerosol-Belastung der Atmosphäre und die quantitative Dimension des El-Nino-Phänomens.

Diese Ergebnisse überraschen nicht. Regelmäßig sind bereits die Wettervorhersagen über mehr als drei Tage fehlerbehaftet.

Mit Björn Peters stellt sich der Sachstand zur Klimaforschung wie folgt dar: Aussagefähige Modelle der Atmosphäre existieren heute noch nicht – kurzfristige Trends werden nicht korrekt erfasst und prognostiziert, für langfristige Prognosen sind die verfügbaren Modelle bisher nicht geeignet.

Die Klimapolitik beruht auf Annahmen, die nicht existieren oder falsch sind.

Nachtrag: Heute wird tagtäglich von einer übermäßigen Erwärmung der Erde berichtet. Maßstab ist die Temperatur zu Beginn der Messungen. Diese liegen nicht nur lediglich 150 Jahre zurück, sondern auch am Ende einer kleinen Eiszeit. War es damals durchschnittlich zu kalt, ist es heute durchschnittlich normal warm, und eine Erwärmung um weitere 2 Grad stellt keine Katastrophe dar.

Die Logik der öffentlichen Verwaltung

Mehr als 100 Jahre liegen zwischen den Befunden. Die Aussagen sind gleich, die Bewertungen hingegen nicht.

Das Wagnersche Gesetz (Adolph Wagner 1835-1917) steigender Staatsausgaben thematisiert die kontinuierliche Ausdehnung staatlicher Tätigkeiten durch den Wandel vom Ordnungs- zum Wohlfahrtsstaat. Wagner beurteilte die vermehrte Übernahme von Aufgaben durch den Staat positiv.

Jan Flückinger kommentierte in der NZZ das überproportionale Staatswachstum in der Schweiz. Immer neue Aufgaben würden auch als Selbstzweck der Verwaltung identifiziert. Die Folgen: Personalaufbau, geringe Effizienz(steigerung), kein Aufgabenwegfall, und vor allem muss ein wachsender Staatssektor von Unternehmen und Bürgern bezahlt werden.

Für ein Umdenken kann und muss man werben. Vorschläge wie Subsidiarität, Digitalisierung, Anreize, Aufgabenprüfung sind allfällige Gebote, und auch der Blick über den Tellerrand oder besser Teich lohnt.

Die Logik mutet indes gruselig an, zumal bekannt ist, dass Staatswachstum und wirtschaftliche Wohlfahrt negativ korreliert sind: Der öffentliche Sektor beruht auf Sondergesetzen, die seine Bediensteten privilegieren. Und dieses Privileg lässt den Leviathan immer weiter wachsen.

Ein Kahlschlag ist erforderlich und die Abschaffung des Beamtentums.

Obszöner Wohlfahrtsstaat

Liberale kritisieren den Wohlfahrtsstaat. Für ihre Kritik werden sie angegangen. Unter anderem heißt es, in der modernen Welt seien staatliche Transfers normal und nicht durch private Alternativen ersetzbar.

Was ist schon normal? In einer der dunklen Stunden des Liberalismus – dunkel, weil die Liberalen vor der Machtübertragung an die Nationalsozialisten auf eine überschaubare Zahl geschrumpft waren und der Faschismus in Europa normal wurde – kritisierten zwei namhafte Denker den „Wirtschaftsstaat" (Walter Eucken) und die durch „Interventionismus und Subventionismus der öffentlichen Hand" (Alexander Rüstow) verursachte Krise.

Der Staat, so die übereinstimmende Diagnose im Jahr 1932, stehe nicht über den Interessen, sondern sei zu einem Partikularinteressenvertreter herabgesunken.

Ende der 1950er Jahre erneuerte Alexander Rüstow seine Kritik. Der Vorsitzende der Aktionsgemeinschaft Soziale Marktwirtschaft hielt das Ausmaß sozialstaatlicher Transfers angesichts des erreichten Wohlstandsniveaus für geradezu absurd.

Und heute? Die Sozialversicherungsquote, also die Summe aller Sozialleistungen in Prozent des BIP, wurde von 18,3% im Jahr 1960 auf sage und schreibe 30% im Jahr 2010 gesteigert. Zugleich ist das BIP von 1960 mit rund 155 Milliarden Euro 2010 auf sage und schreibe 2,6 Billionen Euro gestiegen.

Mehr Wohlstand – weniger Transfers? Von wegen! Und es kommt noch dicker: Das Institut für Weltwirtschaft hat in seinem Subventionsbericht einen historischen Höchststand festgestellt, der sogar das Subventionsvolumen der Finanzkrise überragt. Insgesamt wurden 2016 fast 170 Milliarden Euro umverteilt. Und diese Summe enthält längst nicht alle Subventionen.

Gleichwohl wurde in etwa das gesamte Lohnsteueraufkommen in Deutschland weitergereicht.

Als Liberalem stehen mir die (verbliebenen) Haare zu Berge. Der Ausweg ist klar: Subventionen und Lohnsteuer komplett streichen. Schluss mit der obszönen Politik!

Zum Verzweifeln:
Wohlfahrtsstaat mindert Wohlfahrt

Ein Blick auf die Einkommenssteuer verdeutlicht, warum weniger Staat mehr Wohlfahrt bedeuten würde.

In Deutschland ist die Einkommenssteuer die ergiebigste Quelle der Staatseinnahmen: 239 Milliarden Euro und damit ein Drittel des Haushalts werden den Bürgern weggenommen. Die Initiative für soziale Marktwirtschaft hat folgende Fakten übersichtlich zusammengetragen:

1. Die Steuerbelastung steigt stetig – die Einnahmen durch die Einkommenssteuer steigen stärker als die Löhne.

2. Die Steuerquote steigt stetig – von jedem erwirtschafteten Euro müssen immer mehr Cent an den Staat abgegeben werden.

3. Die Steuerlast für mittlere Einkommensbezieher steigt stetig – Singles und Ehepaare werden stärker belastet.

4. Die Steuerlast für die Mittelschicht steigt schnell – Haushalte mit unterem und mittlerem Einkommen müssen mit jedem mehr verdienten Euro mehr Steuern zahlen (Progression).

5. Deutsche Steuerzahler stehen im internationalen Vergleich schlecht da – in den meisten Ländern sind die Einkommenssteuern niedriger – und hohe Sozialabgaben kommen noch hinzu.

6. Normalverdiener müssen den Spitzensteuersatz bezahlen – nämlich alle, die das Anderthalbfache des durchschnittlichen Einkommens erhalten.

7. Die oberen 10% bezahlten mehr als 50% des Aufkommens der Einkommenssteuer – 1% der Steuerzahler bezahlen 22,2% und 20% bezahlen 71,7%.

Hinzu kommt, dass der Soli ein Etikettenschwindel ist, weil nur ein Bruchteil in den Aufbau Ost fließt, aber das ist der übliche Steuer-Fake wie beim Rauchen für die Rente. Angesichts Rekordsteuereinnahmen und einem beklagenswerten Zustand von Infrastruktur und Bildung gehört die Gemeinwohlorientierung vieler Politiker ebenfalls zu den Fake News.

Charaktere

Die nachfolgenden Impressionen von eigentümlich freien Menschen stehen stets in Verbindung mit einer proportionierlichen Bildung der Kräfte. Dass es sich um überwiegend bekannte Persönlichkeiten handelt, hat einen Vorteil: anschauliche Nachvollziehbarkeit. Der Nachteil liegt auf der Hand, nämlich der Vorwurf, Ikonen zu stilisieren, die vom Alltag abgehoben sind und nicht als Vorbilder oder Beispiele taugen. Ich sehe das anders. Es geht nicht um Gleichsetzen, sondern um Vergleichen. Im Vergleich scheinen Gemeinsamkeiten und Unterschiede, Nachahmenswertes und Unvereinbares auf. Es liegt am Betrachter, einen Gewinn daraus zu ziehen.

Agassi, der durch die Hölle ging

Stars werden bewundert. Als Ikonen dienen sie nicht nur der Unterhaltung, sondern entfalten auch ein erhebliches Orientierungspotenzial. So ein Leben führen wie die Nummer 1 der Tennisweltrangliste – Multimillionär, berühmt, unbändiger Leistungswille – das wär's. Wäre es das?

Selten schauen wir auf die Geschichte dahinter. Mit dem Selbstportrait von Andre Agassi „Open" ist das möglich.

8 Grand Slam Siege und den Golden Slam durch die Goldmedaille bei den Olympischen Spielen in Atlanta. 60 Einzeltitel. 101 Wochen weltbester Tennisspieler. Unglaubliches Comeback. Drei Davis Cup Siege. Das gehört zur glänzenden Seite, genauso wie die Ehe mit Stefanie Graf, Agassis Traumfrau von Beginn an.

Der Rest ist grausam. Vom Vater geknechtet, bereits im Alter von 7 Jahren. 1 Million Bälle pro Jahr schlagen. *„Schlag härter!"* Dann eine Art offener Vollzug in der sogenannten Tennis Akademie bei Nick Bollettieri. Was Agassi über seine Zeit in

Florida schreibt, ist grauenvoll und steht im Kontrast zu dem weithin bekannten Bild der vermeintlichen Kaderschmiede. Die Flucht gelingt durch sehr gutes Tennisspielen und den Abbruch der Schule mit 14 Jahren. Wer beim Lesen inne hält sieht: Die gesamte Jugend blieb ohne Selbstbestimmung.

Eine Folge waren drastische Minderwertigkeitsgefühle verbunden mit einer langen Suche nach sich selbst. Der Paradiesvogel Agassi war nicht zuletzt ein Rebell, der nur so eigen sein konnte, aber niemals er selbst. Er hasste Tennis und kam doch nicht davon los, weil Tennis sein Leben war.

Wer selbst Tennis spielt, weiß es. Wer zuschaut, sollte es wissen. Tennismatches sind wahre Psychokrimis. (Nur) Tennisspieler wissen um die unvergleichliche Einsamkeit des Sports. In kaum einer Sportart muss der Athlet derart gegen den Gegner und sich selbst kämpfen. Und das Ergebnis ist ein unglaublicher Raubbau am Körper, wie so oft im Spitzensport. Agassis Rückenschmerzen ließen ihn jahrelang nur auf dem Fußboden schlafen.

Das Buch ist das Beste, das ich seit langem gelesen habe. Es lehrt, dass wir nicht vom Schein auf das Sein schließen sollten. Das tun meinungsmachende Institutionen leider ständig. Außerdem wird deutlich, dass wir die werden, die wir durch unser tägliches Handeln sind – was wir tun, prägt uns. Es lohnt sich immer wieder zu überprüfen, ob unsere Ziele und Wünsche den Einsatz wert sind. Schließlich zeigt Agassi: Große Erfolge erfordern regelmäßig große Anstrengungen.

Brady: eine antifragile Persönlichkeit

Antifragilität bezeichnet eine systemische Entwicklung, in der Systeme durch Schocks und Stress besser werden. Nassim Nicholas Taleb hat diesem Phänomen bekanntlich ein voluminöses Buch gewidmet: „Antifragile: Things That Gain From Disorder". Während Resilienz lediglich Widerstandsfähigkeit bezeichnet, ähnlich wie robust, meint antifragil, dass Dinge gedeihen und sogar wachsen, wenn sie Volatilität, Unordnung und Stress ausgesetzt werden.

In einem Interview mit Russ Roberts brachte Taleb ein griffiges Beispiel: Robust heißt, ich schicke ein Paket mit Sektgläsern per Post und alle Gläser bleiben heil. Antifragil heißt, alle bleiben heil und es kommen mehr an als abgeschickt. Antifragilität liebt geradezu Abenteuer, Risiko und Unsicherheit.

Während Taleb auf Ordnungen und Systeme abhebt, assoziiere ich Antifragilität für einen Moment mit einer Person: the G.O.A.T. Tom Brady gilt als the Greatest Of All Times – der beste Quarterback der Geschichte. Warum? Weil er unter Stress, bei großem Rückstand, in unmöglich noch zu gewinnenden Spielen einfach besser wird. Das gilt besonders für das letzte Viertel der Spiele. In der abgelaufenen Saison schaffte Brady es zum 38. Mal, einen Rückstand im vierten Viertel in einen Sieg zu verwandeln. In den Playoffs gelang ihm das sogar 10 Mal mit der letzten Angriffsserie – Ligarekord – darunter vier Mal im Super Bowl Finale.

Vor diesem Hintergrund überrascht es nicht, dass Brady selbst den Unterschied zwischen großen und herausragenden Spielern darin sieht, dass letztere exzellente Leistungen unter hohem Druck bringen.

Tom Brady ist vielen Statistiken zufolge ein Ausnahmespieler. Nur er hat mehr als 6.000 Yards Raumgewinn durch Pässe in Playoff-Spielen erzielt. Erstaunlich ist das insofern, als er mit inzwischen 40 Jahren für American Football als zu alt gilt. Indes sind sowohl seine Fitness als auch seine Spielstärke mit zunehmendem Alter besser geworden. Das liegt nicht zuletzt daran, dass sein ganzes Leben auf Football ausgerichtet ist, einschließlich Ernährung und auf Funktionalität ausgerichteter Fitness. Kein Wunder, Brady liebt das Spiel. Es ist das Spiel seines Lebens.

Noch erstaunlicher ist seine Ausnahmestellung aus einem anderen Grund: Die glänzenden Erfolgsgeschichten über ihn berichten auch davon, dass er seine Karriere lediglich als Ersatz für den Ersatz des Ersatzmanns begann, ausgewählt an 199. Stelle seines Jahrgangs, und dass sein Körper, seine Muskulatur und Geschwindigkeit allenfalls durchschnittlich sind. Das letzte 51. Super Bowl Finale nahm einen dramatischen Verlauf. Für die New England Patriots verlief das Spiel unter Führung von Tom Brady bis weit ins dritte Viertel, was den Punktestand anbetrifft, katastrophal. Die Offensive der Atlanta Falcons war die stärkste der Liga. Dennoch, beim Rückstand von 3 : 28 setze Brady eine antifragile Entwicklung in Gang. Den New England Patriots gelang ein perfektes Spiel über mehr als eine halbe Stunde. 31 Punkte am Stück brachten die Verlängerung und den Sieg. Bradys Wide Reciever Julian Edelmann ist Teil der unglaublichen, unwahrscheinlichen Erfolgsgeschichte. Auch Edelman bringt mit nur 1,78 Meter nicht alle idealen Voraussetzungen mit, aber viele andere, darunter einen unvergleichbaren Einsatzwillen. Teil der Erfolgsgeschichte sind beide, weil ein echtes Team auf dem Feld stand, das über enorme mentale Stärke verfügte.

Gut gemachte Videos auf YouTube wie „Tom Brady – Five Rings" erzählen die antifragile Geschichte – vom desaströsen Verlauf des Finales bis zum unglaublichen, nie dagewesenen Comeback und Sieg. Das größte Comeback angeführt vom größten Quarterback ever. Das ist großartiger Konstruktivismus. American Sports Legacy at it's best!

Die Lehren für eine proportionierliche Bildung der Kräfte sind jedoch andere. Tom Brady wird sie in einem Buch zugänglich machen: „The TB12 Method: How to Achieve a Lifetime of Sustained Peak Performance". Wichtige Prinzipien sind bereits bekannt.

Vielleicht an erster Stelle steht der unbedingte Glaube an sich selbst, den man sich von niemandem ausreden lassen soll.

Große Bedeutung besitzt das Engagement: Den Erfolg muss man sich verdienen, jeden Tag. Dazu gilt es, Prioritäten zu setzen und sich der Sache aus tiefstem Herzen zu widmen.

Schließlich legt Brady viel Wert auf die Entwicklung, die stete Verbesserung, die Top Leistung unter Druck in Verbindung mit Demut und nicht nachlassendem Hunger auf den Erfolg.

Hayek, Gentleman und Architekt einer Verfassung der Freiheit

Der für mich wichtigste Liberale des 20. Jahrhunderts hat eine Verfassung der Freiheit entwickelt und kann mit dem Prädikat „sophisticated" beschrieben werden.

Friedrich August von Hayek war Ökonom, Rechtswissenschaftler, Sozialphilosoph und bezeichnete sich als „Old Whig". Die Whigs, eine der beiden Gruppierungen im Britischen Parlament des 17. Jahrhunderts, stehen für klassisch liberale Prinzipien einer konstitutionell verankerten Regierung und einer freien Gesellschaft – sie standen in Opposition zu den konservativen Tories.

Hayek ist mein „Held", weil er Klarheit, Tiefe und Gedankenreichtum auf vielen Feldern verkörpert, und noch dazu als Gentleman. Ludwig von Mises focht intellektuelle Kämpfe mit dem Säbel aus, Hayek nutzte einen Degen. Beide wiesen nach, dass die von ihren Gegnern angestrebten Ziele mit den propagierten Mitteln unerreichbar waren und noch heute sind. Sozialismus macht arm. Mindestlöhne verhindern Arbeitsplätze. Die Manipulation von Preisen zerstört die Koordination. Die Demokratie verkommt zum Stimmenkauf. Experten wissen weniger als Märkte. Eine freie Gesellschaft benötigt einen rechtlichen Rahmen, der keinem spezifischen Zweck dient. Soziale Gerechtigkeit ist eine Illusion.

Warum Freiheit inhaltlicher Klarheit bedarf, hat er wie folgt zum Ausdruck gebracht: „*Politische Freiheit im Sinne von Demokratie, innere Freiheit, Freiheit im Sinne des Fehlens von Hindernissen für die Verwirklichung unserer Wünsche oder gar Furcht und Mangel haben wenig mit individueller Freiheit zu tun und stehen oft im Konflikt mit ihr. Das Verständnis für und der Glaube an die Freiheit sind in hohem Maße dadurch zerstört worden, daß die Bedeutung des Wortes so ausgedehnt wurde, daß es jeden klaren Sinn verloren hat.*"

Der Wiener Nationalökonom und Sozialphilosoph war Professor an der London School of Economics, in Chicago und in Freiburg im Breisgau. Als Initiator hat er die Mont Pélerin Society mitbegründet und 1974 den Nobelpreis für Wirtschaftswissenschaften erhalten. Die Gesamtausgabe seines Werkes in deutscher Sprache wiegt trotz feinem Papier schwer. Mich begeistern seine häufig ideengeschichtlich fundierten Analysen. Seine Ausführungen zur Illusion der sozialen Gerechtigkeit und zur Begründung einer Verfassung der Freiheit sind nur zwei Beispiele. Hayek hat sich auch direkt zur Geschichtswissenschaft geäußert, die dringend einer Korrektur bedarf. Das ist noch heute gültig.

Als Bestsellerautor von „Der Weg zur Knechtschaft" hat er 1944 eine zeitlose Analyse des Sozialismus vorgelegt, die nach der ersten großen Finanzkrise im 21. Jahrhundert über mehrere Wochen die Nummer 1 der Amazon Charts anführte und vom Hayek-Medaillen-Träger Peter Bernholz in einem Vortrag über den Zweiten Weg zur Knechtschaft reaktiviert und empirisch fundiert wurde.

Einen Weg zur Freiheit für Mensch und Gesellschaft weisen seine Ausführungen zum Wissen. Das gilt für die zu unterlassende Zentralisierung und Expertokratien, die eine Anmaßung von Wissen darstellen, und es gilt für die dezentrale Koordination und den Wettbewerb als Entdeckungsverfahren, die uns einen bestmöglichen Gebrauch des auf so viele Köpfe verstreuten Wissen ermöglichen, unseren eigenen Kopf eingeschlossen.

In diesem Zusammenhang gewinnt der Minimalstaat seine Bedeutung. Er ist hinsichtlich des Gebrauchs von Wissen ein Maximalstaat, weil nur die Beschränkung auf die Durchsetzung des Rechts der Freiheit – ohne Privilegien, aber mit Selbstverantwortung für jedermann – eine maximale Wohlfahrt ermöglicht; und damit ist viel mehr als „nur" materiell gemeint. Voraussetzung ist, dass Freiheit für Zwecke gebraucht wird, die wir im Voraus gar nicht kennen: *„Freiheit ist wesentlich, um Raum für das Unvorhersehbare und Unvoraussagbare zu lassen; wir wollen sie, weil wir gelernt haben, von ihr die Gelegenheit zur Verwirklichung vieler unserer Ziele zu erwarten. Weil jeder einzelne so wenig weiß und insbesondere, weil wir selten wissen, wer von uns etwas am besten weiß, vertrauen wir darauf, daß die unabhängigen und wettbewerblichen Bemühungen Vieler die Dinge hervorbringen, die wir wünschen werden, wenn wir sie sehen.“*

Persönlichkeit und Argumentation des Gentlemans mit dem österreichischen Wiener Akzent bleiben vorbildlich. Dem zwanglosen Zwang des besseren Arguments verpflichtet, überprüfte er stets, ob die Ziele mit den propagierten Mitteln tatsächlich zu erreichen waren. Das Gegenteil war in der Regel der Fall und ist es heute noch.

Zur politischen Lage hat er brandaktuell bereits vor rund vierzig Jahren festgestellt: *„Die heute praktizierte Form der Demokratie ist zunehmend ein Synonym für den Prozeß des Stimmenkaufs und für das Schmieren und Belohnen von unlauteren Sonderinteressen, ein Auktionssystem, in dem alle paar Jahre die Macht der Gesetzgebung denen anvertraut wird, die ihren Gefolgsleuten die größten Sondervorteile versprechen, ein durch das Erpressungs- und Korruptionssystem der Politik hervorgebrachtes System mit einer einzigen allmächtigen Versammlung, mit dem Wortfetisch Demokratie belegt.“*

Freiheitsliebe erwächst für mich aus der Lektüre von Hayek. Die proportionierlichste Bildung der Kräfte gelingt weitaus besser, wenn wesentliche hayekianische Erkenntnisse berücksichtigt werden.

Hazlitt: Selbstbildung und Standhaftigkeit

Am 29. November 1964 kamen im New York University Club namhafte Liberale zusammen. Sie hielten Vorträge zu Ehren eines Jubilars, der gerade ein Buch über die Grundlagen der Moral publiziert hatte. Ludwig von Mises würdigte ihn in seinem Grußwort: *„In dieser Zeit des großen Ringens für Freiheit und eine Gesellschaft, in der Menschen als freie Menschen leben können, sind Sie unser Anführer.*" Anlass war der siebzigste Geburtstag eines der größten Freiheitspublizisten: Henry Hazlitt. 2014 jährte sich sein Geburtstag zum 120. Mal, zugleich liegt sein Todestag erst 24 Jahre zurück – klassische Liberale werden alt und geraten in Vergessenheit.

Henry Hazlitt war ein Autodidakt, ein echter Selfmademan, der sein Leben lang mit dem Selbststudium der Ökonomie und Wirtschaftspublizistik verbracht hat. Hazlitt war vielseitig tätig, als Literaturkritiker, Journalist und Herausgeber, Ökonom und Philosoph. Meilensteine sind seine Tätigkeiten für die New York Times von 1934 bis 1946 und anschließend für Newsweek, wo er zwanzig Jahre lang seine berühmte Kolumne „Business Tides" schrieb. Als ökonomischer Publizist war er im 20. Jahrhundert vielleicht so brillant wie sein Vorbild Frédéric Bastiat im 19. Jahrhundert.

1946 schrieb er in nur drei Monaten neben seinen journalistischen Verpflichtungen sein bekanntestes Buch: „Economics in one lesson". Insgesamt wurden 700.000 Stück der ersten Auflage verkauft. Weltweit verkaufte sich die wirtschaftspolitische Einführung in die Grundprinzipien von Marktwirtschaft und Interventionismus bereits bis zum Ende der siebziger Jahre millionenfach. Die zeitlose Lektion lautet: Die Kunst guter Wirtschaftspolitik besteht darin, nicht nur die aktuellen, sondern vielmehr die langfristigen Wirkungen der Politik zu betrachten; zugleich gilt es, die Folgen der Politik nicht nur für eine Gruppe, sondern für alle Gruppen zu berücksichtigen, weshalb gute Wirtschaftspolitik allgemeingültig sein muss. Offenkundig können staatliche Eingriffe zwar kurzfristig erwünschte Zustände bewirken, langfristig stiften sie aber immensen Schaden, der über das Ausmaß des beklagten, auslösenden Zustandes weit hinausgeht. Mindestlöhne sind ein Beispiel. Hazlitt wurde vom Erfolg des Buches überrascht.

Friedrich August von Hayek bezeichnete es als „*brillant*"; er kenne kein Buch, von dem man so viel über die Grundsätze der Ökonomie in so kurzer Zeit lernen könne.

Henry Hazlitt war ein publizistisch begnadeter und fachlich bestechend konsequenter Verteidiger von Marktwirtschaft und Freihandel, Goldstandard und klassisch liberalen Prinzipien. Er wurde als führende Stimme in den USA gegen Sozialismus, Etatismus, staatliche Planung und Lenkung gehört. Das galt auch für die Debatte um die überbordenden keynesianischen Einflüsse – Hazlitt bezeichnete die keynesianische Ökonomie als „*eine der größten intellektuellen Skandale unserer Zeit*". Er konnte sich auf die von ihm verfasste, gründliche Auseinandersetzung mit der „Allgemeinen Theorie" von Keynes stützen, die er Seite für Seite widerlegte („Das Fiasko der Keynes'schen Wirtschaftslehre").

Hazlitt war Anfang der 1950er Jahre in den USA omnipräsent: im Radio, im Fernsehen, in den Printmedien; seine Bücher erreichten, auch über Reader's-Digest-Fassungen Millionen Menschen. Hazlitt debattierte mit hochrangigen Personen seiner Zeit, darunter Vizepräsidenten und Außenminister. 1950 gründete er zusammen mit John Chamberlain die Zeitschrift „The Freeman", die lange Zeit die einzige konsequent liberale Zeitschrift blieb.

Hazlitt selbst schätzte, dass er etwa 10 Millionen Wörter geschrieben habe und seine gesammelten Werke 150 Bände umfassen würden. Er war ein dezidierter Gegner des Marshallplans und warnte vor der Inflation, bevor sie sichtbar um sich griff. Er begründete facettenreich, warum nur Marktwirtschaft zur Überwindung von Armut geeignet ist, und verwarf Grundeinkommen und progressive Steuern. Hazlitt warnte 1969 vor dem Ausufern des Wohlfahrtsstaates, dessen Existenz er für das Ende des 19. Jahrhunderts aufzeigte. In seinem Roman „Time will run back" zeigte er die Konsequenzen eines voll entwickelten Sozialismus auf: die Rückentwicklung der Zivilisation.

Hazlitts Erfolgsgeheimnis lag in der Verbindung von bemerkenswerter Expertise mit einer eleganten und massentauglichen Darstellung, die durch Qualität, Klarheit und Kürze bestach. Seine Rezension von Mises' „Gemeinwirtschaft" („Socialism") machte den Band zu einem Klassiker in der angelsächsischen Welt. Hayeks Buch „The Road to Serfdom" wurde durch Hazlitts erfolgreiche Bemühungen um eine Kurzfassung in Reader's Digest und seine Rezension in der New York Times zum Bestseller. Ludwig von Mises bezeichnete Hazlitt als *das ökonomische Gewissen unserer Nation"* und als *„herausragenden Ökonomen"*. Und Milton Friedman schätzte Hazlitts Urteil so sehr wie von kaum jemandem sonst. Paul Samuelson studierte sogar Wirtschaft, weil er einen Artikel von Hazlitt gelesen hatte.

Hazlitt urteilte, dass er kein Ökonom war, der Neues entdeckt habe, dafür aber jemand, der die orthodoxen Lehren der Ökonomie seit Adam Smith gegen die „Neue Ökonomie" verteidigt habe: *„Alte Wahrheiten wieder zu entdecken kann häufig genauso hilfreich sein wie neue zu entdecken."* Hazlitt sah die freie soziale Kooperation als Kern der Moral an, da die Tauschwirtschaft die Akzeptanz moralischer Regeln voraussetze. Ein System freier Marktwirtschaft und freien Unternehmertums könne nur innerhalb einer Ordnung von Recht und Moral funktionieren. Und der soziale Austausch könne Sympathie und Freundschaft erzeugen, die zu den schönsten menschlichen Erfahrungen zählen.

Im New York University Club ergriff Hazlitt selbst das Wort und zog Bilanz: *„Wir haben die Pflicht, noch klarer und couragierter zu sprechen"*. Auch die über Siebzigjährigen könnten nicht einfach in der Sonne Floridas dösen. Nicht weniger als die Zukunft der Freiheit stehe zur Disposition und damit die Zivilisation selbst.

Messner: Anarchist, Freidenker, Grenzgänger

Reinhold Messner ist ein außergewöhnlicher Mensch. Das gilt für seine Taten, sein Schaffen und sein Denken. Der Südtiroler Bergsteiger und Bergbauer ist in der ursprünglichen Natur in und um das Vilnöß-Tal aufgewachsen. Sein Freiheits- und Entdeckungsdrang hat ihn viele Grenzen der Welt überschreiten lassen – in der Höhe, in der Weite und in der Gedankenwelt. Seine Leistungen sind und bleiben einzigartig. Als Beispiel mag das Bewältigen der vierzehn Achttausender ohne Sauerstoff dienen, mehrfach im Alleingang. Zudem können wir tiefe Einsichten aus dem reichen Leben und Denken dieses Jahrhundertmenschen gewinnen. Einen Zugang bietet seine episodenhafte Autobiographie ÜBER LEBEN.

Reinhold Messner gelingt es mit vielen kompakten Schilderungen, die Intensität seines Lebens als Weltbürger und Südtiroler dem Leser nahezubringen. Dazu gliedert er sein einzigartig intensives Leben in drei Teile: Die Jugend übertitelt er mit „ÜB ERLEBEN", die Reifezeit mit „ÜBERLEBEN" und das Alter mit „ÜBER LEBEN". Wie in Stein gemeißelte Vorträge und packende Erzählungen wechseln sich ab. Das Ergebnis ist für mich ein Lesefluss und Lesegenuss, der zuweilen den geschilderten Erfahrungen ähnelt, die sein frühes Klettern an schwierigen und unmöglichen Stellen auszeichnete: ablenkungsfreie Konzentration, Beschleunigung und Dehnung der Zeit, ungeahnte Leichtigkeit. Die einsichtsreichen Reflektionen, auch über Leben, Tod und Zeit, gleichen dem tiefen und weiten Blicken von Gipfeln und zum Horizont in Wüsten, die stets nicht nur nach außen, sondern immer auch nach innen gerichtet sind.

Hervorheben möchte ich einen mir wichtigen Aspekt: Das Buch strahlt Lebensfreude und Zuversicht aus, trotz beschwerlicher und dramatischer Ereignisse. Das liegt auch daran, dass Reinhold Messner seine Lebenserfahrung zur Orientierung anbietet. Seine in intensiven Erfahrungen gewonnene Lebensphilosophie ist von Freiheit durchdrungen. Damit unterscheidet sie sich von den vielen Moralisierern und ihrem bevormundenden und einengenden, zuweilen asketischen, zugleich selbstdarstellerischen Duktus.

Messners Leben(sphilosophie) erinnert mich an Wilhelm von Humboldt, der die proportionierlichste Bildung der Kräfte zu einem Ganzen thematisierte. Der Überlebende ist wiederholt über sich hinausgewachsen, als Kletterer, Bergsteiger, Horizontalgänger, Kulturschaffender und Lebensphilosoph. Wenn er über Leben schreibt, verbinde ich damit Aufbruch und Gelingen, Wachsen durch Tun, über sich hinauswachsen können. Schaffen und Leistung bringen statt Moral predigen ist eine geradezu unzeitgemäße Tugend geworden. Vermutlich gelingt es allein auf diese Weise, also im Handeln, sich mit sich selbst und der Welt in eins zu setzen.

Messner ist zwar ein dezidierter Verfechter der Selbsterfahrung, er betrachtet Erfahrungen aus zweiter Hand kritisch. Zugleich können wir dankbar sein, an seinen Lebenserfahrungen teilzuhaben. Letztlich wird er sich ein wenig selbst widerlegen, da er konstatierte, die Welt bliebe ohne und nach ihm unberührt. Das Gegenteil gilt für den von ihm gestalteten Kulturraum in Südtirol und für die zahlreichen Eintragungen in das Buch der Menschheitsgeschichte. Beide bleiben. Letztere lassen sich nachlesen.

Die Politik war für den Europaabgeordneten lediglich Episode. Vielleicht lohnt es sich gerade deshalb, eine Reihe selektiver Einblicke in drei Blöcken anzusprechen.

1. Als Kosmopolit der lokalen Gemeinschaft verbunden:

Einerseits fühlt sich Messner als kosmopolitischer Weltreisender, andererseits spürt Messner seine Heimatverbundenheit immer stärker. Kein Reisen in die Welt ohne Heimkehr. Kein Grenzen überschreiten ohne abgegrenzten Rückzugsraum. Der Südtiroler ist mehrsprachig aufgewachsen und lobt die Kleinheit des menschlichen Lebens. In der überschaubaren Gemeinschaft sind seiner Erfahrung nach Kompromisse möglich, Lösungen realisierbar, die allen nützen. Die Welt ist gleichsam entpolitisiert. Noch wichtiger könnte die emotionale Gemeinsamkeit sein, die kleine Gemeinschaften verbindet und auf Lösungen verpflichtet. Während das Gegenteil ein bislang übersehenes Wirkmuster für den abgehobenen, entfremdenden politischen Streit zentralisierter Gesellschaften sein könnte.

2. Freiraum und Selbstverantwortung statt Einengen, Gleichmachen und auf Kosten anderer leben:

Messner lässt sich als Paradebeispiel eines eigentümlich freien Menschen begreifen und als europäische Inkarnation eines Selfmade Mannes. Er ist überzeugt, die Natur bestimme unsere Chancen. Wir können zwar immerhin durch gewaltige Kraftanstrengung über uns hinaus wachsen. Das erfordere in einem Grenzgängerleben, nicht ständig bloß vernünftig zu sein, sondern vielmehr seinen Instinkten zu vertrauen. Leider ließen wir uns heute zu viel ablenken und würden zu wenig herausgefordert. Erfahrung gewinnen wir, so Messner, in Exposition und Eigenverantwortung. Orientierung entsteht durch Selbermachen. Gleichheit und Freiheit müssen der Gerechtigkeit untergeordnet werden, fordert Messner, was nach konsequenter Freiheitsphilosophie klingt. Nicht nur in einer Seilschaft sind Menschen gleichberechtigt und nach ihrem Können selbstverpflichtet. Dazu passend ist ihm Freiraum wichtiger als offizielle Bildung. Messners Leben wurde durch staatliche Vorschriften eingeengt. In seiner Welt ist ein Staat kaum erforderlich, auch wenn er als Demokrat erklärtermaßen repräsentative, verantwortungsvolle Politiker schätzt.

3. Leistung wertschätzen, Selbstvertrauen erlangen und nach individueller Façon leben

Sinn wird uns vor allem in einem gelingenden Leben bewusst, resümiert Messner. Und leben kann jeder nur selbst und vor allem selbstverantwortlich. Hilfe findet man zuerst am Ende seines rechten und linken Arms, möchte ich mit Alexander Rüstow ergänzen. Wertvoll erscheint mir, dass Messner betont: Anerkennung eigener Leistung ist Ausdruck eines gesunden Selbstwert(gefühl)s und keineswegs der Mangel, der neumodisch darin ausgemacht wird. Demut stellt sich nach einem

Erfolg und der Freude über das Gelungene ein, wenn man es aus eigener Kraft geschafft hat und Maß und Mitte kennt. Gespräche dienen der Vermittlung von Lebensweisheiten. Gutmenschen und Moralisierer bevormunden und können sich wie richtig fiese Möp verhalten. Jeder sollte sich auf sein Dasein beschränken und mit (Ver)Urteilen vorsichtig sein.

Reinhold Messner hat Individualität gelebt und ist zum Einzelgänger geworden, ohne je isoliert worden zu sein. Neider und falsche Gutmenschen haben ihm zugesetzt. Die besten Antworten lieferten seine Taten. Der Überlebenskünstler kann so glaubhaft wie kaum ein anderer aufzeigen, dass er nicht das ist, was andere über ihn sagen, sondern vielmehr das, was sein Schaffen und seine Lebensleistungen, aber auch sein Nachdenken über Menschen und die Welt ausmachen. Wenn es eigentümliche freie Menschen gibt, dann gehört Reinhold Messner zu den profiliertesten. Eine wunderbare Botschaft lautet: „*Wir alle sind Erzähler unseres verborgenen Selbst.*"

Mises der Große

Der letzte Ritter des Liberalismus, so wurde Ludwig von Mises genannt. Hartnäckig und mit unerschütterlicher Konsequenz trat der österreichische Nationalökonom für den Wert der besseren Ideen ein – zuweilen allein auf weiter Flur, stets gegen die dominierenden Ideologien von Sozialismus, Etatismus und Dirigismus. Zu Beginn des Zweiten Weltkriegs schrieb er Friedrich August von Hayek, es gebe kaum noch eine Handvoll Liberaler in Europa. Dass es überhaupt noch Liberale gab, war nicht zuletzt seinem Wirken zu verdanken, hatte er doch Jungwissenschaftler wie Wilhelm Röpke, einer der späteren Gründerväter der Bundesrepublik Deutschland, und den späteren Nobelpreisträger Hayek frühzeitig vom Sozialismus zum Liberalismus bekehrt.

Wer war Ludwig von Mises? Diese Frage können nur wenige Wissenschaftler, geschweige denn Politiker und Bürger im deutschen Sprachraum beantworten. Gründe, Ludwig von Mises (1881-1973) zu kennen, gibt es indes genug. Immerhin hat der österreichische Nationalökonom und Sozialphilosoph einen der bedeutendsten ökonomischen Artikel verfasst. In seinem Aufsatz „Die Wirtschaftsrechnung im sozialistischen Gemeinwesen" (1920) wies Mises nach, dass rationale Wirtschaftsführung im Sozialismus mangels Privateigentum und Marktpreisen unmöglich ist. Mit seinen Worten kreiert der Preisprozess der Marktwirtschaft eine Realität, die anders nicht bekannt werden kann. 70 Jahre später wurde dies eindrucksvoll bestätigt. Sein Hauptwerk „Nationalökonomie" (1940), das 1949 in erweiterter Fassung unter dem Titel „Human Action" erschien, wurde trotz seines Umfangs und Anspruchs mit bisher über 500.000 verkauften Exemplaren zu einem wissenschaftlichen Bestseller. Diese Sozialphilosophie ist eine Art liberales Gegenstück zu „Das Kapital" von Karl Marx. Schließlich ließe sich anführen, dass Mises im 20. Jahrhundert den klassischen Liberalismus auf einzigartige Weise verkörperte: als Kopf der dritten Generation der „Österreichischen Schule der Nationalökonomie", als herausragender wirtschaftspolitischer Berater der österreichischen Regierung in den 1920er Jahren sowie Begründer einer „Mises-Schule" und antietatistischen Graswurzelbewegung in den USA.

Mises kann zu Recht der Titel „der Große" zugemessen werden, aufgrund seiner wissenschaftlichen Leistungen und der Breite seines Werks, das nicht nur bahnbrechende ökonomische Erkenntnisse enthält, etwa zu den Themen Geld, Konjunktur und Koordination, sondern auch eine handlungsbasierte Philosophie der Freiheit und der Geschichte.

„Ludwig von Mises hat so tief wie kaum jemand vor ihm über die Natur der Freiheit nachgedacht." urteilt Prof. Rolf Puster. Die Leistung von Mises bestehe darin, dass er eine konsequente Freiheitsbegründung theoretisch fundiert und mit zahlreichen Mitteln versehen hat. Weil Mises vom handelnden Menschen (homo agens) ausgeht, ist es nicht notwendig, Werte als Begründung anzuführen, über die trefflich gestritten wird.

Entstanden ist, so ließe sich hinzufügen, eine universal gültige Theorie. Mises' Ansatz entspricht zugleich der selten eingehaltenen Forderung einer Wertfreiheit der Wissenschaft.

Ludwig von Mises' Werk lässt sich als schonungslose Analyse der Ideen, die zur Verherrlichung des Staates führen, und des staatlichen Handelns bezeichnen. Mit seinem methodischen Ansatz untersuchte er, ob die gewählte Politik geeignet ist, anvisierte Ziele auch zu erreichen. Fast durchgängig kommt Mises zu dem Ergebnis, dass die politischen Mittel für die selbst gesteckten Zielen kontraproduktiv sind. Mises sieht die Aufgabe der Politik darauf beschränkt, Konflikte zu lösen.

Mises war ein großer Ökonom und Sozialphilosoph, der uns heute noch enorm viel zu sagen hat. Seine kompromisslose Klarheit ist eine Stärke, die heute eher als Schwäche bewertet wird. Es ist nicht übertrieben, Mises als Sozialtheoretiker in einem Atemzug mit Voltaire, Montesquieu, Tocqueville und John Stuart Mill zu nennen, wie dies sein Schüler, der Nobelpreisträger Friedrich August von Hayek, trotz kritischer Distanz tat. In einem Nachruf urteilte Robert James Bidinotto, es sei schwer, sich eine andere Person in der heutigen Zeit vorzustellen, die der Welt so viel gegeben habe und dennoch im Gegenzug so wenig belohnt worden sei.

Somary, der unabhängige Krisen-Seismograph

Der letzte Ritter des Liberalismus, Ludwig von Mises, empfand sich als Chronist des Untergangs. Felix Somary war der Krisen-Seismograph. *„Alle Voraussagen, die ich ihn machen hörte, sind eingetroffen ..."* urteilte der Schweizer Diplomat und Historiker Carl Jacob Burckhardt. Etwas Unheimliches umgab Somary, der selbst nicht genau erklären konnte, wie er die Krisen voraussah, weil er sie in den Knochen fühlte. *„Innere Neigung und das Lebensgeschick haben mich zum politischen Meteorologen bestimmt."*

Einblicke in seine präzise Krisenanalytik bieten seine Erinnerungen. Das Leben einer innerlich und wirtschaftlich vollkommen unabhängigen Persönlichkeit bildet den Ausgangspunkt, um seiner Fähigkeit zur treffsicheren Prognose nachzuspüren. Seine Unabhängigkeit ermöglichte ihm eine klarere, unverstellte und unideologische Sicht auf die Dinge. Ein weit verzweigtes, internationales Netzwerk lieferte ihm die erforderlichen außergewöhnlichen Informationen und Einsichten. Das lag nicht zuletzt an seiner Tätigkeit als Bankier. Erfolgreiche Bankhäuser, häufig mit privater Haftung, waren exzellent informiert und verfügten regelmäßig über ausgezeichneten ökonomischen Sachverstand. Die Weltwirtschaftskrise sah der Krisenseismologe bereits 1926 heraufziehen. *„Die Krise vorauszusehen und danach zu handeln war damals das Wesentliche für den Bankier, es entschied sein Schicksal."* Schließlich profitierte Somary von einer sehr guten, klassischen Bildung – die Antike bietet ein unvergleichliches Verständnis der res publica – und seiner strategischen Perspektive.

Die Episoden aus Somarys Leben inmitten des epischen Weltbebens sind nicht nur fesselnd. Der unbestechliche Beobachter des Weltgeschehens bietet dem Leser auch eine Richtschnur, die Richtig und Falsch trennt, die zeigt, was ehrenhaftes Handeln ausmacht. Zahlreiche politische Einschätzungen besitzen bleibenden Wert: *„Die Monarchie war nicht ein historisches Überbleibsel, sondern die einzig mögliche Form für den Zusammenhalt von acht Nationen an Europas gefährlichster Grenze."* Gemeint ist offenkundig die k. u. k. Monarchie. Zeitlos und sehr aktuell mutet der Grundsatz an: *„Der König schützt sein Volk, der Tyrann schützt sich vor seinem Volk."*

Somary studierte bei Carl Menger, dessen Assistent er gleich zu seinem Studienbeginn wurde, und bei Eugen von Philippovich. Er stand in engem Kontakt mit Joseph Schumpeter und dem Sozialisten Otto Bauer. Der stete Austausch mit Persönlichkeiten unterschiedlicher Lager und Weltanschauungen trug zu Somarys Weitsicht erheblich bei. Sein Urteil über John Maynard Keynes fiel indes desaströs aus. In der Person des

„schweren Neurotikers" mit *„krankhafter Nervosität"* witterte Somary die *„destruktive Kraft"*.

Felix Somary verließ Wien früh und lebte in Berlin, London, Washington und Zürich. Sobald die politischen Herausforderungen zu einer persönlichen Angelegenheit wurden, wechselte der spät verheiratete, tief gläubige Christ seinen Wohnort. Frühzeitig fand der Wahlschweizer in Zürich einen Hort der Ruhe und Unabhängigkeit mit weltweiten Gestaltungsspielräumen. Seit den 1920er Jahren war Somary im Bankhaus Blankart & Cie in führender Stellung tätig, selbstverständlich nicht als Manager, sondern indem er einen Teil seines beträchtlichen Privatvermögens eingebracht hatte.

Den Ersten Weltkrieg versuchte Somary durch Verhandlungen über einen Interessenausgleich beim Bau der Bagdadbahn zu verhindern. Das Attentat von Sarajewo durchkreuzte seine kurz vor dem Abschluss stehenden internationalen Ausgleichsbemühungen. Europa habe im Frühsommer 1914 im Zeichen der erfolgreichen englisch-deutschen Kooperation gestanden, urteilt Somary. In Belgien sanierte er nach der deutschen Besetzung das Geldsystem mit hohem, persönlichem Einsatz. Vor dem U-Boot-Krieg warnte er den egomanischen Unsympath Ludendorff persönlich und prognostizierte den Kriegseintritt der USA sowie die daraus resultierende unausweichliche Niederlage Deutschlands.

All seine Bemühungen waren von einer Grundidee getragen: dem *„Kampf gegen die Auflösung der europäischen Staats-, Gesellschafts- und Wirtschaftsorganisation."* Der sei *„furchtbar schwer"* urteilte Somary 1955 in Zürich. Was er wohl zum EU-Europa sagen würde?

Aktuell mutet sein Urteil zum Währungsverfall an: *„Der Staatsbankrott ist ein einmaliger chirurgischer Eingriff, die Inflation ist permanente Blutvergiftung."* Genauso wie Banken damals Staatsfinanzierung organisierten, wickelten sie einen Staatsbankrott ab. Diese Funktion der Geschäftsbanken kann nicht hoch genug eingeschätzt werden und sollte bei den Bemühungen um eine verbesserte Finanzordnung eine zentrale

Rolle spielen – statt der betriebenen regulatorischen Klempnerei. Mit Somarys Worten: „*Es war ein merkwürdiger Zug in unserer Generation: Wo eine Idee nötig war, um einen Notstand zu beseitigen, schuf man eine Organisation; diese brachte nicht Abhilfe, erhöhte vielmehr nur die Ratlosigkeit, leistet nicht das, was sie sollte, kreierte eine wachsende Bürokratie, die aber zum Selbstzweck wurde und noch fortexistierte, wenn schon alle Welt vergessen hatte, wann und warum eigentlich diese Organisation begründet worden war.*"

Den lange prognostizierten Zweiten Weltkrieg sah er bereits mit der Sudetenkrise ausbrechen, irrte sich indes, wie er zugab, weil er die Schwäche und Kurzsichtigkeit der Alliierten unterschätzt habe. Eine rechtzeitige, ohnehin unvermeidliche militärische Auseinandersetzung hätte seiner Ansicht nach Millionen Menschenleben gerettet. Die Wiederaufbaubemühungen beurteilte Felix Somary ähnlich kritisch wie Henry Hazlitt. Statt eines Marshallplans, der Westeuropa mit amerikanischem Geld überflute, sprach sich Somary für die Aufhebung des Protektionismus aus. Einwanderungsfreiheit und Auslandsrücküberweisungen benannte er als Grundsätze für die Überwindung von wirtschaftlichen Ungleichgewichten.

Die Lektüre der Erinnerungen des eigentümlich freien Mannes und seinem geistigen Spaziergang durch die Welt von gestern ist eine Lebensbereicherung. Wenn ich eine Somary-Lehre auswählen müsste, dann diese: Leben, Freiheit, Ehre und Eigentum müssen stets der Willkür der Regierenden entzogen sein.

Sprenger: Freiheitsphilosoph und -praktiker

Freiheit – das ist der Leitwert, den Reinhard K. Sprenger allen Überlegungen und Empfehlungen aus tiefer Überzeugung voranstellt. Ohne Freiheit ist alles Handeln nichts. Freiheit ist der Bezugspunkt, an dem niemand in einer Organisation vorbei kommt, es sei denn, es handelt sich um eine der verrückten

Organisationen, wie sie unter den Konzernen, Staatsbürokratien und auch NGOs verbreitet sind.

Viele Menschen scheinen noch nicht bereit zu sein für diese elementare Form der Selbstbestimmung, obwohl sie die Voraussetzung für ein friedliches und frohes selbstbestimmtes Leben bildet, ob während der Arbeit oder außerhalb. Deshalb fummeln andere Menschen ständig in den Leben ihrer Mitmenschen herum. Politiker versuchen, die Bürger zu „dressieren". Manager die Mitarbeiter zu motivieren, weil sie sie falsch einsetzen und organisatorische Probleme sowie Führungsfehler durch Motivationsmittelchen heilen wollen.

Reinhardt K. Sprenger ist für mich der führende Managementberater Deutschlands. Der Mann hat etwas zu sagen, während andere bemänteln und am Thema vorbei reden. Nur Sprenger brachte den von-der-Leyen-Skandal auf den Punkt, weil ihr Führungsversagen und Haltungsproblem im Kern der Krise stand und nicht das von ihr behauptete Führungs- und Haltungsproblem der Bundeswehr im Fall des unter Terrorverdacht festgenommenen Oberleutnants Franco A.

Ohne Freiheit kann es keine Selbstverantwortung geben. Selbstverantwortung ist der zweite Wert, das zweite Prinzip, auf dem die (Management)Philosophie des Erfolgsautors ruht. Es ist der tief verwurzelte Glaube und die voraussetzungslose Achtung der Selbstbestimmung und Selbstverantwortung erwachsener Menschen, aus der sich Sprengers konkrete Handlungsempfehlungen gerade für Führungskräfte ableiten.

Mit Freiheit und Selbstverantwortung geht Vertrauen einher. Vertrauen ist zugleich der Stoff, auf dem soziale Beziehungen beruhen, gerade auch anonyme. Vertrauen bringt die Menschheit voran. Damit wird das vierte Prinzip geradezu zu einer Residualgröße: Motivation kann nur als Selbstmotivation erfolgreich sein. Die Masse der Unternehmen praktiziert indes das Gegenteil und entmutigt durch Motivationsbemühungen Mitarbeiter, die mit Zuckerbrot und Peitsche zu sprichwörtlichen Eseln degradiert werden. Die Alternative im Sinne Sprengers begreift Führung als das Gewährleisten von

Rahmenbedingungen, die die proportionierlichste Bildung der Kräfte des Mitarbeiters ermöglicht. Dann gilt: *„Entscheidungskompetenz folgt Sachkompetenz"*.

Freiheit, Selbstverantwortung, Vertrauen und Motivation, diese vier Prinzipien durchziehen das Werk des zum Alltagsphilosophen gereiften Managementberaters. Sprenger stellt die Systemfrage – für Unternehmen und auch für die deutsche Gesellschaft, die er für gescheitert erklärt. „Uns geht es schlecht, weil wir so ängstlich sind; und wir sind so ängstlich, weil wir uns daran gewöhnt haben, gelenkt zu werden."

Sprenger ist wegen permanenter Gängelung und allgegenwärtiger Erziehungsversuche zum Staatsfeind geworden. Etatismus ist zugleich die Ursache für die deutsche Misere. Weil der Staat den Bürger entmündigt hat und der Bürger als Souverän abgedankt hat, sind die Mentalitäten der Menschen – Herrscher wie Beherrschte – Problem und Lösungsansatz zugleich: *„Es gibt keine Lösung ohne Entmachtung des Staates"*.

Sprenger bietet geistige Orientierung und praktische Hilfe – für jeden.

Nachbemerkung

Die Liebe kommt, die Liebe geht, und keiner weiß, warum. Das gilt auch für die Freiheitsliebe.

In Deutschland lässt sich nachvollziehen, wann und warum die deutsche Bevölkerung die Freiheit liebte: während des kalten Krieges – als die Unfreiheit hinter dem Eisernen Vorhang geradezu greifbar war – bis die Freiheitsrevolution 1989 die ersehnte Freiheit brachte, und dann erkaltete angesichts einer vermeintlichen Selbstverständlichkeit die Liebe.

Die abnehmende Bedeutung der Freiheit ist aus progressiven Wohlfahrtsstaaten bekannt. Innovation wird durch Verteidigung des Besitzes, Freiheit durch Sicherheit verdrängt. Als Anrechte getarnte Ansprüche verdrängen das Recht. An die Stelle einer Privatrechtsgesellschaft, die individuelle Rechte stützt und so für die größtmögliche Problemlösungskapazität in dezentralen Netzwerken sorgt, ist öffentliches Recht und der Staat als automatischer Adressat aller Probleme getreten.

Die linksrevolutionären 68er, die durch die Institutionen marschierten, Bildung, Medien und Politik kaperten, gegen Eigentum, Familie und Freiheit kämpften, haben ihr Übriges getan. Die Politik der letzten Legislaturperioden hat maßgeblich zur Freiheitsdiskreditierung beigetragen.

Mir persönlich geht es anders. Meine Freiheitsliebe ist stetig gewachsen. Freiheit ist ein kostbares Gut. Zugleich ist Freiheit für mich ganz wesentlich eine Frage der Gerechtigkeit. Wer Freiheit einschränkt, braucht dafür einen Grund. Und die Begründungen für Freiheitseinschränkungen in Deutschland und Europa fehlen entweder völlig oder sind falsch – von den zahllosen Rechtsverstößen und der Missachtung des Privateigentums bis zur vermeintlichen sanften Einschnürung von Freiheit über „politische Korrektheit", Paternalismus und moralische Anmaßungen.

Meine Liebe zur Freiheit ist eine Herzensangelegenheit, die durch den Kopf geht. Ich versuche, sie meinen Kindern weiterzugeben und die hoffentlich wiederum ihren.